KB023641

017

팸플릿 017

남북 신新 통상

평화와 번영으로 가는 새로운 길

송기호 지음

한티재

국가는 기업소의 합법적 권리와 리익을 보호한다.

― 북한 기업소법 제9조

경제의 민주화를 위하여 경제에 관한 규제와 조정을 할 수 있다.

― 한국 헌법 제119조

차례

이 책은 2007년 북한 삼일포 협동농장 관리위원장과의 만남에서 시작한다. 당시 내가 감사로 있던 사단법인 통일농수산사업단은 2004년부터 협동농장 관리위원회와 더불어 새로운 시도를 하고 있었다. 북한 농업의 기본 생산단위인 협동농장의 생산성을 올려 북한 식량난을 근본적으로 해결하는 길을 모색했다.

나는 2002년에 한국의 농업 전문가들과 함께 통일농수산포럼 창립에 참여하였다. 2004년의 북한 협동농장 협력시범사업에서 성공 가능성을 발견하고 본격적으로 법인을 출범시켰다. 나는 첫 직업을 해남의 YMCA 농촌부 간사로 선택할 만큼 농업을 중요하게 생각해 왔다. 농업은 정직하다. 사람의 먹을거리를 생산할 뿐 아니라, 농촌 사회를 지탱한다. 2001년에 변호사가 된 후에는 제주, 의성, 고흥 등 전국의 마을 생산 농가들과 함께,

중국산 마늘의 지나친 수입을 막는 소송을 하였다. 내가 북한의 협동농장을 방문한 것은 자연스러운 일이었다. 남과 북을 합하여 7천만 명이 넘는 한반도의 사람들이 사람답게 잘 사는 데에 농업은 중요하다. 한국과 북한이 함께 북한 농업 생산성을 높여 북한의 식량난을 해결한다면, 남북 사이에 이보다 더 신뢰를 높일 방법이 있겠는가?

통일농수산사업단은 협동농장의 생산성을 30퍼센트 이상 끌어올리는 성과를 거두었다. 이 수치는 의미가 크다. 사업단의 방식을 북한 전역에 확산한다면 북한의 식량난을 해결할 수 있다는 결론이 나온다.

사업단의 전략은 시장을 활용하는 것이었다. 당시 금강산 관광객이 2005년에 누적 숫자 100만 명을 넘으면서, 관광객들의 식사를 준비할 식자재 시장이 새로 열렸다. 사업단과 협동농장 관리위원회는 배후지 시장과 연결하여 농사를 계획하였다. 농장원들의 생산 의욕을 올릴 수 있었다. 더 많은 소득을 확신한 농장원들의 의지와 노력이 성공의 동력이었다. 남에서 제공한 종자나 비료는 보조적이었다.

통일농수산사업단은 다른 사람들보다 더 일찍, 북한에서 시장을 활용한 경제 발전을 전망하고 직접 실천하였다. 혁신가들이었다. 북한도 삼일포 협동농장의 방식을 높게 평가하여 2007년에 개성공난 가까이에 있는 송도리 협동농장을 시범사업지역으로 선정하였다. 북한 전역에 전파하기 위한 단계적 조치였다. 새로운 역사가 눈앞에 다가오는 순간이었다. 한국이 흔들리지 않고 북한과 함께 삼일포 방식을 북한 전역으로 확산하였다면 역사가 달라졌을 것이다.

개성공단의 경험은 어떠한가? 나는 2004년, 개성공단 출범을 준비하는 단계에서, 한국의 변호사가 개성공단에서 먹고 자고 상주해야 한다고 강조하였다. 개성공단은 북한이 한국의 법치와 만나는 공간이다. 언제든지 한국의 법률가가 있어, 찾아오는 북한의 공무원과 법률가를 만날 수 있어야 한다. 내 제안은 너무도 당연한 것이었다. 나는 개성공단을 그저 공장이 있는 공간으로만 보지 않았다.

내가 전망한 대로, 북한은 개성공단을 한국의 주식회사 제도, 부동산과 재산권 제도 등을 실험하고 평가하는 공간으로 활용하였다. 개성공단은 북한이 법전의 활자로만 있던 토지이용권을 살아 있는 제도로 운용한 최초의 장소였다. 북한이 시장을 활용하여 발전하는 실리경제 제도를 선택하고, 북한 전역에서 27개의 경제개발구 발전 전략을 추구하는 실질적 출발이 개성공단이었다. 만일 개성공단에 대한 애초의 계획대로 3단계 2천만 평 개발을 추진하였다면, 역사가 달라졌을 것이다. 인구 100만 명의 활력 넘치는 신도시를 비무장지대 바로 곁에 만들 수 있었다.

한국은 개성공단의 3단계 개발을 추진하지 않았다. 그 이유는 무엇이었을까? 북한의 시장과 법치의 발전을 확신하지 못했기 때문이다. 그저 월 140달러로 북한의 '노력'을 싸게 산다는 좁은 전망에 자신을 가두었다. 스스로 역사의 문을 닫아 버렸다.

우리 사회는 겉으로는 북한이 변화해야 한다고 말할 뿐, 북한이 실제로 어떠한 선택을 하는지, 어떻게 발전하고 있는지 보려고 하지 않는다. 북한이 삼일포 협동농장과 개성공단을 통하여 어떻게 변화하였는지, 정확히 말하면 북한이 삼일포 협동농장과 개성공단에서 얼마나 중요한 선택을 하였는지를 묻지 않는다. 한마디로 말한다면, 북한의 자율성을 인정하려고 하지 않는다. 북한의 핵무기는 이 모순과 관련이 있다.

북한과 미국의 대립이 격화되는 지금, 이 책을 통하여 삼일포 협동농장과 개성공단의 경험을 성찰하는 것은 더욱 중요한 의미를 갖는다. 북한의 발전 경로를 객관적으로 인식하고 유익한 선택지를 제공할 때 의미 있는 변화를 북한과 함께 만들 수 있다. 이때 한국은 자신의 힘으로 한반도 비핵화를 담대하게 주도할 수 있다.

북한은 시장을 활용한 발전이라는, 되돌릴 수 없는 항해에 나섰다. 이 책은 이를 보통국가로 가는 여정이라고 표현하였다. 실리를 추구하는 욕구는 핵무기보다 더 강하다. 이 책이 대북 제재 속에서도, 우리 사회가 북한의 시장과 법치 발전을 확신하는 데에 도움이 되기를 바란다.

이 책은 대북 제재 규정에서도 추진할 수 있는 농업 협력을 기초로 북한의 경제개발구 개발과 운영에 참여하는 '농업＋경제개발구 거점' 모형을 제안한다. 이를 '남북 신통상'이라고 부른다. 이 개념은 삼일포 협동농장과 개성공단의 경험에서 정립하였다.

'남북 신통상'은 서해 지역에 집중한다. 이곳은 군사 충돌 위험이 매우 높으면서도 남북경제협력이 유익한 성과를 낼 수 있는 지리적 이점을 가지고 있다. 신통상이 서해를 유익과 실리의 공간으로 바꾸는 것은 한반도 평화에 매우 중요하다.

'남북 신통상'은 군사주의에 대한 대응책이다. 핵무기에만 눈을 고정할 것이 아니라 그 뒤에 있는 군사주의를 볼 수 있어야 한다. 한 사회의 가치를 군사력에 의지하여 실현하겠다는 군사주의가 바뀌지 않는 한, 한반도 비핵화는 불가능하다. 신뢰와 상호 인정만이 군사주의를 바꿀 수 있다. 신통상은 자주적 군축과 동행하여 군사주의를 변화시킬 것이다. 군축은 신뢰를 낳는 가장 직접적인 행동이다.

이 책이, 북한의 핵무기가 심각하면 심각할수록 군사주의에 의지해서는 안 되며 오히려 군사주의에서 남과 북이 함께 해방되어야 한다는 신통상 전략을 이해하는 데에 도움이 되기를 바란다. 지금 필요한 것은 제재가 아니라 분별력이다.

2019년 겨울
송기호

1

삼일포 방식

농장 생산성 30퍼센트 향상

북한 협동농장의 관리위원장을 처음 만났다. 2007년 늦은 가을이었다. 수확을 마친 들판 너머로 금강산이 보이는 북고성군 삼일포 협동농장이었다. 그는 고향 동네 아저씨처럼 친근했다. 협동농장을 처음 찾아온 내게 열성적으로 농장 현황을 설명했다.

삼일포 협동농장은 금강산 일대에서 규모가 가장 크다. 삼일포에서 해금강에 이르는 넓은 평야에 자리 잡았다. 약 삼백 가구의 농민들이 농사를 짓는다. 마을 어귀에서 동네 아이들이 옹기종기 모여 놀고 있었다.

내가 감사로 있는 사단법인 통일농수산사업단은 2004년부터 삼일포 협동농장과 농사를 함께 짓는 공동영농 남북협력사업을 했다.

관리위원장은 남녘 볍씨 재배 면적을 더 늘리자고 제안했다. 성과가 좋다고 했다. 그는 협동농장에 한국의 소백, 오대, 운봉, 진부 볍씨를 파종해서 수확을 많이 늘렸다. 남쪽 품종이 조기 다수확과 이모작이 가능하니 농장원들이 선호한다고 말했다.

처음부터 협동농장 측이 마음을 열어 준 것은 아니었다. 농사란 때에 맞춰 진행해야 차질 없이 결실을 맺는다. 그래서 통일농수산사업단은 필요한 때에 쉽게 방문하여 때를 놓치지 않을 곳을 선택했다. 평양 쪽 대신, 접경지역 북고성군에 있는 삼일포 협동농장에서 시작했다. 남녘과 가깝다.

금강산 관광이라는 새로운 시장이 있었다. 수만 명의 관광객이 먹을 쌀, 야채, 과일을 협동농장이 공급할 수 있다는 전망을 세웠다. 변화를 이끌 배후지 시장에 주목했다. 시장은 중요하다.

농사는 한 해만 지어서는 그 성과를 객관적으로 평가하기 어렵다. 긴 호흡이 필요하다. 그래서 협동농장 협력사업을 최소 3년 단위로 진행하자고 제안했다. 협동농장도 동의했다. 우리는 협동농장 성원들과 함께 계획하고 추진하였다. 한 해 농사 계획부터, 종자와 농자재 준비, 파종, 관리, 수확, 농기계 수리 등 모든 농사를 남과 북이 함께 의논하고 함께 땀 흘리는 공동영농 방식이었다. 우리는 이를 '삼일포 방식'이라고 불렀다.

협동농장을 단위로 하여 성공 사례를 만드는 것이 중요하다. 협동농장은 북한 농촌 지역에서 농업의 기본 생산단위일 뿐 아니라, 교육·문화·보건·금융을 해결하는 생활공동체이다. 그래서 농장의 전체 경지 면적을 협력사업지로 하였다. 이는 남북 농업 협력에서 처음이었다.

통일농수산사업단은 경종耕種, 축산, 과수 등 여러 분야에서 농사를 지어 농업 전문성이 있다. 남녘 농사꾼들은 진정으로 북한 농업 발전을 원했다. 북한 인민의 먹을거리를 책임지는 농업으로 서기를 바랐다. 우리의 마음이 협동농장 농민들에게 전해지기를 희망했다.

쉽지 않았다. 종자를 북으로 올려 보내는 일조차 간단하지 않았다. 병충해 검역 절차 등으로 제때 보내지 못해 적기 파종을 놓친 때도 있었다. 돼지 모돈을 휴전선 너머로 실어 보내는 일은 검역에서 훨씬 더 까다로웠다. 사업단의 사람들은 지난 4년 동안 협동농장의 성원들과 함께 땀을 흘렸다. 농장원들이 손에 익지 않은 한국 농기계를 사용하면서, 고장이 나거나 부속품 조달 문제가 생기면 머리를 맞대고 같이 해결했다. 북쪽 사람들의

금강산 일대에서 규모가 가장 큰 삼일포 협동농장.
통일농수산사업단은 2004년부터 삼일포 협동농장과 공동영농 남북협력사업을 했다.

기술 습득 속도는 빨랐다. 이쪽에서 가져간 낯선 농기계들을 빨리 이해하고 수월하게 다루는 모습은 놀랄 정도였다. 우리는 함께 땀 흘렸다. 파종의 설렘과 수확의 기쁨을 농장원들과 같이 나누었다. 그렇게 사람들의 신뢰를 얻었다.

삼일포 협동농장 관리위원장과 작별인사를 나눈 후, 일행과 함께 북고성군 온정리, 성북리, 금천리의 협동농장을 방문했다. 모두 금강산 지역이다. 2년 넘게 협력사업을 같이 진행한 곳들이다. 삼일포 협동농장의 성과를 눈으로 보고 자신들도 함께하자고 요청했다. 이곳의 협동농장에서도 벼 수확량이 크게 늘었다. 협동농장 관리위원장들은 사업 면적을 늘리고 과수원 협력사업도 더 확대하자고 제안했다. 소년들이 논둑에 걸터앉아 무엇인가 이야기를 나누는 모습도 보였다. 그들은 갓난아이 적에 참으로 배고프고 힘든 고난의 시기를 어렵게 견디어 냈을 것이다.

금강산 해수욕장과 가까운 성북리 협동농장에서는 양돈장을 찾았다. 북쪽 명칭으로 '돼지목장'이다. 이백 마리가 넘는 규모이다. 우리를 고생시켰던 특별한 돼지들이다. 이들은 한국의 돼지 중 처음으로 휴전선을 넘었다. 동행한 김준영 수의사는 '월북 돼지'라 불렀다. 고맙게도 잘 번성하여 북한 땅에서 새끼를

낳았다. 1회용 주사기가 부족하여 애를 먹던 양돈장 사람들도
이제 양돈장 관리표를 만들어 열심히 관리하고 있었다. 한국 수
의사들이 열성적으로 함께했다. 북한은 돼지목장의 성과를 높
이 평가하고 양돈사업 확대를 요청했다. 그래서 금천리와 삼일
포 협동농장에도 양돈장을 건설했다. 특별히 금천리에는 번식
용 종돈으로만 구성했다.

협동농장 방문을 마치고 금강산의 숙소로 돌아오는 길에 북고
성 남새 온실농장을 찾았다. 남새는 채소의 북한말이다. 온실
12,000평과 노지 18,000평을 합하여 총 30,000평의 규모이다.
오이, 배추, 상추, 고추, 무, 메론, 수박, 참외, 토마토를 길러 금
강산 관광객이 금강산호텔에서 먹는 식자재로 공급한다. 현지
주민들에게 온실농장을 건설해 주고 현지에서 생산한 농산물
을 금강산 관광객과 직원들에게 공급한다. 주민들은 온실 덕분
에 추운 겨울에도 싱싱한 남새를 먹을 수 있어 좋아한다. 남새
온실농장 사업은 어느 한쪽이 상대방을 그저 도와 주는 것이 아
니다. 상호 공동의 이익을 창출하였다.

2004년 사업 당시 북쪽 평균 쌀 생산량은 1헥타르당 약 2.5톤
이었다. 그런데 삼일포 협동농장에서는 약 4톤이 나왔다. 1.5톤
이 더 나온 것이다. 밭에서도 30퍼센트 이상 증산을 냈다. 단

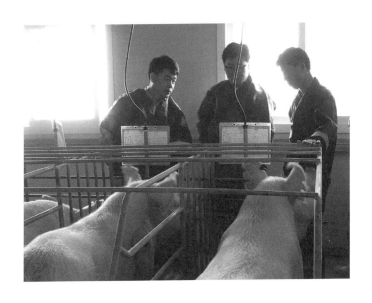

삼일포 양돈장의 모습. 성북리 돼지목장의 성과를 높이 평가한
북한의 양돈사업 확대 요청으로 금천리와 삼일포 협동농장에도 양돈장을 건설했다.

순하게 셈한다면, 남의 다수확 볍씨를 북에 전면적으로 보급하고 대대적인 밭작물 협력사업을 함께 한다면 북한의 식량난을 해결할 수 있다는 계산이 나온다. 북쪽 식량 부족분이 한 해 120만 톤인데, 북쪽의 60만 헥타르 논에서 삼일포처럼 1헥타르에 1.5톤씩 더 증산된다면 쌀을 90만 톤(60만 헥타르×1.5톤)을 더 생산할 수 있다. 게다가 북한에서는 밭의 면적이 논보다 더 넓다.

삼일포 협동농장원들은 수확량이 늘면서 금강산 식자재 시장을 통하여 더 많은 현금 수입을 올렸다. 온실에서 기른 메론을 노지에서 길렀을 때보다 비싼 가격으로 금강산 관광단지에 납품하니 소득이 올랐다. 삼일포의 농민들은 수확량이 늘수록 자신의 수입이 늘어나는 것을 실감할 수 있었다. 주변의 농민들보다 월등하게 돈벌이가 좋아졌다. 소문은 북한에 널리 퍼졌다.

삼일포에서 좋은 성과가 나면서, 2006년부터 주변의 금천리 협동농장, 온정리 협동농장 등 모두 열한 개 협동농장으로 공동영농사업을 확대하였다. 여기서도 공동영농 방식인 삼일포 방식을 적용하고, 3개년 사업으로 시작하였다. 농기계 수리소를 짓고 전담 수리기술자를 육성하였다. 농기계 운영체계가 전반적으로 개선되었다. 퇴비장을 설치하여 양돈장에서 나오는 분뇨를 처리하도록 하였다. 미생물액비공장에서 가축분뇨 액비를 생산하였다. 축산과 논밭농사가 서로 돕는 순환체계 모델을 추구했다.

북한의 평가도 긍정적이었다. 북한은 2005년 8월, 분단 이후 처음으로 정부간 남북농업협력위원회 구성에 동의하였다. 그리고 김정일 위원장이 2006년 8월 삼일포 협동농장을 방문하여 성과를 높이 평가하였다는 말을 전해 들었다.

농장원들의 의욕

농사로 짓는 평화와 번영의 꿈을 꾸었다. 협동농장의 성공 사례를 만들어, 북한이 평가하고 선택하여 전국적으로 확대하기를 희망했다. 우리의 기대대로, 북한은 삼일포 협동농장의 성과를 보고, 북고성군 전역으로, 그리고 마침내 서부권의 개성으로 확대하였다. 농업협력은 동부권에서 서부권으로 확대되었다.

북한은 2007년, 개성공업지구 배후지인 개성시 판문읍 송도리 협동농장을 남북농업협력사업지역으로 선정했다. 개성공단에서 승용차로 십여 분 거리였다. 이곳은 개성-평양-신의주로 이

어지는 북한의 서해안 평야지대의 관문이다. 노무현 대통령이 그해 애써 김정일 위원장과 합의한 '서해평화협력특별지대'와 연결되는 의미가 있다. 중요한 공간에서 서부권 농업협력지대의 모범을 만들고 싶었다. 여기에서도 3개년 계획을 세웠다.

북한 안에서 역동적으로 성장하는 개성공업지구와 연계하여 남북농업협력사업을 진행하는 것은 의미가 크다. 개성공단 3단계 개발계획을 예정대로 진행하면 개성 신도시는 100만 명의 대도시로 성장한다. 삼일포 협동농장 모델을 발전시켜, 개성공단 신도시를 배후지 시장으로 하는 농업 발전을 이룰 수 있다. 북한의 도시 발전과 연계하는 모형이다. 농사로 짓는 평화와 번영의 전망이 바로 눈앞에 보였다.

개성 신도시가 100만 명 규모가 되면 개성의 농촌 노동력이 크게 줄 것이다. 개성 지역농업이 생산성을 끌어올려 100만 명의 신도시 먹을거리를 공급할 수 있어야 한다. 북한 안에서 역동적으로 성장하는 소비지 시장과 연결하여 지역농업이 발전한다. 이를 남북 농업전문가들이 함께 머리를 맞대고 진행한다. 남측 관광객에 기초한 삼일포 협동농장보다 한 차원을 더 높여, 내부 동력에 기초하여 지속가능한 농업 발전이었다. 우리는 이를 '송도리 방식'이라 불렀다. 평화와 번영을 누리는 새로운 대규모

도농 공간을 접경지에서 함께 만드는 미래가 눈앞에 보였다. 곧 손으로 잡을 것만 같았다.

개성에서는 금강산 지역보다 사업의 진행속도도 훨씬 빨랐다. 삼일포 협동농장 협력사업에서 얻은 경험과 지식이 도움이 되었다. 이해도가 더 높아졌고 사업의 가속도가 붙었다. 개성지역의 요구에 따라 인삼, 과수, 양묘를 새로 추가하였다. 북고성군 금강산에는 없던 소득원이었다. 개성공단 현장을 방문하는 관광프로그램도 운용하였다. 농업생산력 유지에 꼭 필요한 산림 조성을 위해 사과와 배나무를 심었다.

산림은 농업 생산에서 중요한 생태 자원이다. 생물 다양성을 보존하며, 비를 흡수하여 홍수를 막아 주며, 비옥한 영양성분을 논밭에 제공한다. 북한의 산림 복원은 건강하고 풍부한 자연생태계를 만들어 농업생산력을 복구한다. 개성 송도리 협동농장에서 북한의 보통 농촌이 당면한 문제를 종합적으로 해결하고 보편적으로 적용 가능한 모범 사례를 만들려고 했다.

이태헌 통일농수산사업단 사무총장의 사업보고서「남북농업협력사업의 경험과 교훈」은 이렇게 공동영농사업의 성과를 기록했다. 개성 송도리 협동농장의 벼 생산량은 1헥타르당

3.0~3.5톤에서 5.2~5.5톤으로 늘었다. 단위면적당 생산성이 30퍼센트 이상 증가하였다. 특히 옥수수, 콩 등 잡곡 생산량은 더 높은 증산율을 기록하였다. 밭작물의 증산은 밭 면적이 넓은 북한에게 특별한 의미가 있다. 북한 농업의 획기적인 증산이 가능함을 의미한다. 양돈 협력으로 크게 늘어난 돼지 두수도 자체 유기질 퇴비 비료 조달에 큰 도움이 되었다.

삼일포와 개성의 성공에는 남측이 보낸 종자나 농기계가 도움이 되었다. 그러나 근본적인 힘은 협동농장 농장원의 의지였다. 두 곳은 모두 금강산과 개성공단을 배후지 시장으로 두었다. 남측과 거리도 매우 가까워, 남측 소비 시장의 접근에도 유리하였다. 한국 시장으로 반출하는 데에 필요한 위생 검역을 현지 협동농장에서 할 수 있는 이점도 지녔다. 협동농장 농장원들은 더 많이 생산하는 알곡, 과일, 야채를 사 줄 배후지 시장을 가까이에 가졌다. 시장은 농장원들의 생산 의욕을 올렸다. 그리고 이러한 잠재력이 터져 나오도록 돕는 남측 농업전문가들이 가까이에 있었다.

사업의 성공은 평양을 배후지로 하는 협동농장의 협력사업을 촉진하였다. 경기도는 2008년에 평양 강남군 당곡리와 장교리 협동농장과 협력사업을 크게 늘렸다. 마침내 동해의 금강산 지

역에서 평양을 거쳐 서해의 개성에 이르기까지, 농업협력지대
로 한반도의 허리를 감았다.

"자기 거니까요"

막 고난의 시기를 헤쳐 나온 북한은 2004년부터 2008년까지
북고성군과 개성의 협동농장 성과를 높게 평가하였다. 북한 농
업의 잠재력을 확인했다. 지역 시장 거점을 활용하여 농업을 발
전시키는 방식이 효과적임을 목격하였다. 이는 북한의 새로운
협동농장 관리방식인 포전담당책임제 전면 도입에 긍정적인
영향을 주었다고 생각한다.

포전담당책임제는 가족 단위가 기본이 되어 '포전'을 맡아 농사
를 짓는 것을 말한다. 포전이란 농작물을 심고 가꾸는 경작지
로, 다른 농지와 구분하여 관리하는 곳이다. 가족이 수확한 식
량은 정한 비율에 따라 국가에 제공하고 나머지는 농가가 갖
는다. 농가는 더 많이 수확하면 그만큼 더 많은 여유 식량을 시
장에서 팔 수 있다. 시장과 연계하면서 농민들의 적극성과 노동
효율성이 두드러지게 높아졌다.

이종석 전 통일부 장관이 편찬한『제재 속의 북한 경제, 밀어서 잠금 해제』라는 책에 따르면, 개별 포전의 크기가 작은 곳은 한 사람의 농장원이, 포전이 넓은 곳은 두 명에서 네 명까지의 농상원이 공동으로 하나의 포전을 담당한다. 새 관리방식에서 수확량이 증가하였고, 장마당에 공급되는 식량과 채소가 크게 늘었다. 이는 장마당을 더 활성화시키는 선순환으로 이어졌다.

2015년 6월 6일, 평양 택암리 협동농장 관리위원회 위원장 정명철은 중국 중앙TV의 뉴스에서 이렇게 말했다. "너도 나도 다 주인이지. 이젠 다 할 수 있어. 땀도 더 많이 흘리려 하고 생산도 더 많이 하려고 하고. 자기 거니까요. 가뭄은 걱정이 되지만 올해 틀림없이 올라갑니다."

그가 말한 "너도 나도 다 주인"이라는 것은 바로 포전담당책임제의 특성을 말한다. 그리고 "틀림없이 올라갑니다"라는 말은 수확량 증가를 뜻한다.

큰 가뭄이 2014년도에 들었지만 택암리 협동농장은 오히려 2013년도보다 3~4퍼센트 정도 증산하였다. 북한은 2014년, 포전담당책임제 시범 실시의 성과를 평가하여, 전국 농업부문 분조장대회를 개최하였다. 그리고 포전담당책임제를 전국적으로 전면 실시하기로 하였다. 마침내 2015년에 「조선민주주의인민공화국 농장법」을 개정하여 새 제도 도입을 법제화했다. 포전담당책임제를 정확히 실시할 것과 포전담당책임제가 생활력을 발휘할 수 있게 영농물자를 배분할 것을 농장 관리방식으로 새로 입법하였다.

북한은 시장을 활용하여 농장원들의 의지와 적극성을 끌어올릴 수 있음을 확인하였다. 시장에 더 많은 곡식, 채소, 과일이 공급될수록 시장은 더 활성화된다. 이는 다시 농장의 생산성 향상을 유인한다. 선순환이다. 송도리 방식은 중요한 성취였다. 북한 자체의 도시 성장과 연결하여 지역농업의 생산성을 높이는 중요한 모형이었다. 애초 개성공단 개발계획대로만 진행하여 개성 신도시가 인구 100만 명이 되었다면, 그리고 송도리 협동농장을 비롯한 개성 지역 공동영농을 지속했다면 역사가 달라졌을 것이다.

남북은 함께 역사의 문턱을 넘었다. 변화를 만들었다. 그 출발은 협동농장 농장원의 신뢰였다. 농사를 아는 남측 사람들로 믿어 주었다. 함께 발전하겠다는 진정성을 받아 주었다. 더 많이 생산하여 시장에 내어 팔겠다는 인민의 의지가 변화를 만들었다.

2

개성공단의 실험

삼일포 협동농장 시범사업을 시작한
2004년 여름, '개성공단관리기관 창설준비위원회'를 방문하
였다. 북한과 협의하여 개성공단관리기관을 만드는 기구이다.
김동근 초대 준비위원장을 면담하였다. 그는 농업전문가이면
서 한국산업단지관리공단 이사장을 지낸 개성공단 관리의 적
임자였다. 우리는 개성공단에 한국의 법률전문가를 상주시키
자는 데에 의견을 같이했다.

그리고 그해 겨울, 개성공단이 가동을 했다. 2012년 1월에는
북한 근로자가 5만 명을 넘었다. 2016년까지 11년간 생산액이
3조 7,784억 원에 이르렀다. 개성공단에서는 한국의 변호사가
살면서 북의 법률가들과 머리를 맞대고 공단을 뒷받침하는 규
범을 만들었다. 개성공업지구 관리위원장은 초대 김동근 위원
장에서 시작하여 한국 사람이 계속 맡았다. 남북이 함께 규범을
만들어 10년 이상을 안정적으로 적용하였다. 역사적 사건이다.

지금 개성공단은 닫혔다. 그럼에도 나는 묻는다. 개성공단 12년
은 어떤 의미가 있는가? 북한은 개성공단에서 무엇을 선택했는
가?

북한 땅을 측량하다

북한이 「조선민주주의인민공화국 토지임대법」을 제대로 적용
하고 실현한 첫 공간이 개성공단이다. 북한은 1993년에 외국인
을 위하여 토지임대법을 만들어 '토지 리용권'을 창설했다. 인
민에게는 주지 않은 권리였다. 50년 동안 북한의 국유지를 이
용할 수 있는 재산적 권리이다. 그런데 북한은 2004년 개성공
단을 가동할 때까지도 이 제도를 실행할 준비를 하지 않았다.
아니 할 수 없었다. 북한의 국유 토지를 토지임대법에 따라 의
미 있는 규모로 빌리는 외국인이 없었기 때문이다. 개성공단 관
계자의 말에 의하면, 개성공단에 출근해서 보니 지적도도, 등기
부란 것도 없었다고 한다. 측량도 이루어져 있지 않았다.

북한은 2004년에 「개성공업지구 부동산 규정」을 만들었다.
공업지구관리기관으로 하여금 토지이용권과, 건물별로 개발
업자, 기업, 그리고 개인의 부동산 관계를 정확히 등록하도록

했다. 하지만 측량이 되어 있지 않은데 어떻게 부동산을 정확히 특정해서 등록한단 말인가? 결국 측량 문제는 2007년에 대한지적공사가 해결했다. 측량 결과를 가지고 토지대장과 지적도를 작성했다. 이를 바탕으로 토지이용권을 등록할 수 있었다. 개성공업지구관리위원회에서 근무한 관계자로부터 직접 들은 이야기이다.

북한은 개성공단에서 부동산 등록을 본격적으로 진행하면서 그 쓸모를 이해했다. 이를 바탕으로 측량, 지적도, 등기 같은 개념을 북한의 법률에 등장시켰다. 2009년 「조선민주주의인민공화국 부동산관리법」은 부동산의 등록을 엄격히 하는 것은 부동산 관리에서 나서는 선차적 요구라고 규정했다. 그리고 모든 기관, 기업소, 단체에게 모든 부동산을 정확히 등록할 것을 의무로 주었다. (북한에서 '기업소'는 한국의 회사가 하는 역할 이상을 한다. 기업소는 생산 또는 서비스 업무를 직접 진행할 뿐 아니라, 사회보장제도를 실시하고, 종업원들의 주택문제, 부식물 공급문제, 탁아소와 유치원 등을 잘 꾸리고 정상적으로 관리·운영하여야 한다.)

부동산관리법은 부동산 등록방법을 자세히 정했다. 토지는 토지 등록대장과 지적도에 하도록 한다. 지적도에는 지목, 지번, 면적 같은 것을 정확히 표시하여야 한다. 건물, 시설물은 건물

등록대장과 시설물 등록대장에 한다. 등록대장에는 건물, 시설물의 이용자명, 이용 면적, 건물의 수명, 보수 주기 같은 것을 정확히 기록하여야 한다. 전국적으로 통일된 토지 등록대장과 건물 등록대장의 편성을 꾀하였다. 이는 전국적 범위에서 토지이용권을 보장하는 기초가 된다.

북한은 부동산등록제도를 일관되게 발전시켰다. 2009년 제정 「조선민주주의인민공화국 살림집법」에서도 살림집에 대한 등록제도를 힘주어 강조하였다. 살림집은 주택을 일컫는 북한말이다. 살림집 등록대장을 갖추어 살림집의 등록번호와 준공년도, 형식, 구조, 건평, 능력, 시초 가치, 기술 상태, 보수 정형, 살림집에 설치된 시설과 그 운영 상태, 건구와 비품 같은 것을 모두 꼼꼼하게 등록하도록 하였다. 여기서 '보수 정형'은 보수 현황, '건구'는 창틀과 문틀을 말한다.

북한은 지금 부동산관리법과 살림집법을 본격 시행하는 중이다. 전국적 차원에서 측량은 물론 지적도 작성을 진행 중일 것이다. 재산권 보장에서 부동산등록제도가 갖는 중요성은 아무리 강조해도 지나칠 수가 없다. 개성에서 시작한 변화이다.

토지이용권 실현

토지이용권이 북한에서 제 몸을 가지고 법전 밖의 현실 세계로 나와 서게 된 곳이 개성공단이다. 북측은 개성공단에서 토지이용권의 실제 쓰임새를 실험하고 이해했다. 그리고 전면적으로 경제개발에 활용하였다. 토지이용권이 인민이 사는 거리에, 삶의 일상에 등장하였다.

「조선민주주의인민공화국 개성공업지구법」은 50년의 토지이용권을 규정하였다. 2011년 기준 124개의 개성공단 입주 기업들은 토지이용계약을 통하여 북한 국유토지를 홀로 그리고 온전히 공장과 사무실 부지로 사용할 수 있는 권리인 토지이용권을 취득하였다. 땅 위에 지은 공장과 사무실 건물을 온전히 소유하였다.

「개성공업지구 부동산규정」은 토지이용권과 건물소유권을 등록한 사람은 이용 기간 안에 '제한 없이' 양도할 수 있다고 보장하였다. 토지이용권을 빌려줄 수도 있고, 이를 담보로 제공하고 돈을 빌릴 수도 있다. 토지이용권을 남에게 양도하는 경우에는 토지 위에 있는 건축물도 함께 '넘어간다'고 했다. 그러니까 토지 위에 지은 건물소유권을 토지이용권과 같은 운명을 지닌 재산권으로 구성하였다. 이와 같은 개념의 재산권은 북한법이 창설한 재산권이다.

토지이용권 50년은 기간을 연장할 수 있다. 공공의 이익과 같은 부득이한 경우를 제외하고는 토지이용권자의 신청에 따라 기간을 연장해 주어야 한다고 규정했다. 함부로 자의적으로 토지이용권 연장을 거절하지 못하게 했다. 이는 사실상 토지소유권이 아닐까?

김일성종합대학출판사가 1995년에 낸 『라진선봉 투자환경 ― 투자·무역·봉사·특혜제도』는 이렇게 토지이용권을 평가한다. "(토지 임대료를 한 번에 냄으로써) 토지 임차자는 임대료의 변동에 불안을 느끼지 않고 완전한 소유권을 가진 것과 같은 안전감을 가질 수 있다."

북한이 개성공단 기업의 토지이용권을 사실상 소유권과 같은 것으로 평가하였음을 알 수 있는 사건이 있다. 2006년, 북한은 한국의 법원이 개성공단 토지이용권을 압류하여 경매하는 것을 인정하였다. 개성공단 입주 기업이 한국의 다른 업체로부터 돈을 빌렸다가 갚지 못하는 바람에 채권자에 의하여 개성공단 토지이용권을 압류당하는 사건이 발생한다. 한국 법원은 채권자의 신청에 따라, 국제법상 북한 영토인 개성공단의 '토지이용권'에 한국 민사집행법을 적용했다. 그리고 한국에서 경매했다. 북한은 이를 받아들였다. 개성공단 토지이용권자의 지위를 국경을 넘어 두텁게 보호하였다.

아파트 매매 자유화

북한은 개성의 경험과 성과를 평가 분석하여 더욱 발전시켰다. 함경북도의 '라선경제무역지대' 중심지인 남산동엔 지하 1층, 지상 15층 규모의 고급 아파트가 있다. 중국의 건성부동산개발회사가 건설한 이 살림집 아파트 세대는 비싼 값에 매매되었다. 사람들은 부동산 시장에서 이 아파트를 구입하여 소유권을 취득하였다. 이종태 기자의 『햇볕 장마당 법치 — 북한을 바꾸는 법法』은, 라선에서는 민간 자본이 건축한 살림집 매매가 자유화되었다고 평가한다.

라선경제무역지대는 개성공단과는 달리 분리 장벽이 없다. 지대를 구분하는 것은 그저 지도에만 있는 선이다. 지대 안에서 북한 기업소는 외국인 투자 기업과 직접 계약을 맺어 위탁가공을 해주거나, 상품과 서비스 거래를 할 수 있다. 그러므로 지대에서 재산권 보장 강화는 외국인만이 아니라 북한 인민에게도 직접 영향을 준다. 개성공단보다 더 파급력이 큰 발전된 경로이다.

「라선경제무역지대 부동산관리규정」은 개인이 살림집을 건설할 수 있는 법적 주체가 될 수 있게 했다. 지대에서 살림집 건설 기관이 기업소 또는 개인과 공동으로 살림집을 건설하려 할 경우에는 지대 관리기관의 승인을 얻은 후에 서로 계약을 맺도록 했다. 전에는 기관, 기업소, 단체만 살림집 건설 주체가 될 수 있었다. 그러나 이제 지대에서는 개인도 살림집 건설 사업에 나서도록 허용하였다. 부동산 시장을 만드는 의미가 있다. 지대 규정은 지대에서 살림집의 자유로운 분양과 매매를 사실상 보장한다. 만일 분양하고 매매할 자유조차 없는 아파트라면 민간 자본이 돈을 투자하여 건설하려고 하지 않을 것이기 때문이다. 북한은 지대에서 중국 민간 자본이 아파트 건설에 투자한 것을 평가하여, 장차 북한 전역에서 개인이 부동산 건설에 적극 참여하고 이를 자유롭게 매매할 수 있도록 할 것이다. 이를 뒷받침하는 재산권 보장 법제의 발전이 필요하다. 이러한 발전 경로를 주목해야 한다.

국가가 지은 국유 살림집은 매매가 가능한가? 살림집법에 의하면 살림집 이용허가증을 교환할 수 있다. 이를 사람들은 '입사증'이라고 부른다. 그 교환 조건이 사실상 매매 조건이라 할 수 있다. 살림집 이용허가증에는 이용자의 이름, 직장 직위, 가족 수, 살림방 수, 살림집의 주소, 번호 같은 것을 밝혀야 한다. 공민은 필요에 따라 살림집을 교환하려 할 경우 인민위원회에 신청할 수 있다. 살림집 교환신청을 받은 인민위원회는 '살림집 교환조건'을 정확히 검토하고 승인하여야 한다. 여기서 살림집 교환조건이 사실상의 매매 조건으로 기능할 수 있다.

새로운 변화는 도시 개발 분야에서도 크다. 2013년 개정 「조선민주주의인민공화국 경제개발구법」은 북한의 기업소가 외국투자가와 함께 개발기업을 설립하여 전국의 경제개발구를 개발할 수 있게 하였다. 주목할 만한 변화이다. 그전까지는 도시 개발권을 외국인 기업에게만 주었다. 개성공단 개발권은 한국 기업에게 주었다. 이제 북한의 기업소는 라선경제무역지대, 개성공업지구, 황금평·위화도경제지대, 금강산국제관광특구를 뺀 전국의 23개 경제개발구에서 도시개발사업을 할 수 있다. 기업소가 개발구 안에 있는 건물과 부착물을 철거하고 주민 이주비용을 감당하여 개발을 진행한 후에는 개발 토지이용권과 지상 건물소유권을 가질 수 있다. 이 의미는 매우 크다. 신도시 개발의 주체가 되는 북한의 기업소가 나올 수 있다. 이를 뒷받

침하여 도시개발 절차를 체계적으로 짜고 재산권과 사업권을
잘 보장하는 법제 발전이 필요하다. 이러한 법제 발전 요구를
인식해야 한다.

부동산은 자금을 융통할 수 있는 담보로 중요한 역할을 한다.
여기에는 강제집행, 그러니까 경매제도를 정비하는 것이 필요
하다. 북한은 「개성공업지구 부동산집행준칙」에서 부동산 저
당 제도를 운용했다. 개성공단에서 토지이용권과 건물소유권
을 자유로이 저당할 수 있다. 저당권자는 토지이용권과 건물소
유권을 담보로 제공받고 빌려준 돈을 상환받지 못했을 경우, 저
당물의 경매를 공업지구관리기관에 신청할 수 있다. 부동산 집
행준칙은 경매 신청, 경매 개시 결정, 감정, 경매실시, 배당금 지
급 등의 절차를 정했다.

북한은 개성공단의 집행 경험을 평가하여 재판소의 부동산 강
제집행을 적극적으로 운용하고 있다. 라선경제무역지대에 한
국과 같이 재판소가 관리하는 강제집행 제도를 만들었다. 라선
경제무역지대 부동산 규정에 따르면, 토지이용권을 담보로 돈
을 빌린 사람이 빚을 갚지 못하는 경우, 채권자는 재판소에 저
당물의 처분을 신청할 수 있다. 채권자가 법원에 담보물 경매를
신청하고 법원의 지휘·관리하에 경매를 진행하여 빚을 받아낼

수 있다는 의미다. 재판소가 법에 따라 부동산 경매 절차를 주도하게 개선하였다.

북한 재판소 경매에서 주목할 대목이 하나 더 있다. 라선경제무역지대는 북한과 중국의 협력사업이다. 그럼에도 북한은 지대에서는 중국 법원에게 강제집행권을 맡기지 않았다. 북측 재판소가 직접 그 일을 떠맡겠다고 규정했다. 한국의 법원이 개성의 토지이용권을 압류하여 경매에 붙인 사건과 비교하면 북한이 중국 법원에게 맡기지 않고 주도적으로 강제집행절차를 운용하겠다는 의지이다.

개성-라선-전국화 방식

북한이 개성공단에서 한 토지이용권 창설과 실험은 북한 사회에 큰 영향을 주었다. 북한은 인민 개개인에게도 토지이용권을 부여하였다. 2011년 개정된 부동산관리법은 기관, 기업소, 단체 이외에도 '공민' 그러니까 북한 인민 개인에게도 '부동산 이용허가'를 신청할 수 있게 하였다. 이전에는 개인에게 부동산 이용허가 신청권이 없었다. 토지임대법은 어디까지나 외국인의 토지이용을 위한 법이었다. 개인으로부터 부동산이용허가 신청서를 접수한 기관은 그것을 30일 안으로 검토하고 승인하거나 부결하여야 한다. 부동산 이용을 승인하였을 경우에는 공민에게 해당 부동산의 이용허가증을 발급한다. 공민은 부동산 가격에 나라 정해진 부동산 사용료를 납부하여야 한다. 부동산을 다른 사람에게 넘겨주거나 빌려주려면 승인을 받도록 했다.

인민도 토지 이용 승인을 받아 부동산 건축, 임대 등을 통한 수익 추구가 가능해졌다. 이는 '돈주'라는 새로운 부자들이 역할을 하는 실리경제를 반영하였다. '실리'라는 개념은 「조선민주주의인민공화국 사회주의 헌법」에서도 나온다. 북한 헌법 32조는 경제 지도에서 실리를 보장하는 원칙을 견지한다고 하였다.

공식적인 북한 헌법 규정에는 토지와 같은 생산수단은 국유이다. 개인 소유를 금지한다. 그러나 실리에서, 토지이용권을 인민에게 주어 사실상 소유권으로 인정한다. 개인 부자들이 부동산 개발업을 하는 실리를 반영하여 개인의 토지이용권을 법적으로 보장하였다. 이는 다시 개인이 북한의 부동산 시장에서 하는 역할을 더 늘린다. 체계적인 재산권 보장 법제 발전이 더욱더 필요하게 된다. 이 선순환 발전 경로를 보아야 한다. 그 도착지는 법치이다.

개성공단은 거대한 실험 공간이었다. 북한은 개성공단에서, 부동산의 등록에서부터 시작하여, 토지이용권, 부동산의 양도와 저당, 강제집행 등 재산권 보장의 골격을 실험하고 적용했다. 개성공단에서 시범도입하고 성과를 평가하여 라선경제무역지대를 거쳐 전국적 범위로 확산하는 개성-라선-전국화 방식을 사용하였다.

경남대학교 극동문제연구소가 펴낸 『개성공업지구 법제의 진화와 미래』는 개성공단을 가리켜 "북한이 스스로 유불리를 평가하고 선택하는 경험 공간"이라고 평가했다. 북한은 중요한 선택을 많이 했다. 개성공단은 북한이 인민의 재산권을 보장하는 보통국가의 요소를 발전시키는 보급기지였다. 고난의 시기에 삶의 필요를 시장과 기업소를 통해 해결하고 이겨내려는 인민의 의지가 변화를 만들었다. 개성공단은 한국이 북한에게 의미 있는 선택지를 제공할 수 있다는 증거이다. 북의 선택의 폭을 넓히고, 선택 안을 제시하며, 선택했을 때의 유익한 점들을 계산하게 할 유익한 공간을 제공하였다.

3

보통국가 북한

문재인 대통령은 2018년 평양 능라도에서 "나는 평양의 놀라운 발전상을 보았습니다. 김정은 위원장과 북녘 동포들이 어떠한 나라를 만들어 가고자 하는지 가슴 뜨겁게 보았습니다"라고 연설했다. 북한은 어떤 나라를 만들고 있는가?

이 책은 북한이 보통국가로 가고 있다고 평가한다. 보통국가는 개인의 재산권을 보장하고, 사업할 자유를 옹호한다. 그 목적을 국민의 일상적 행복과 평화에 두는 나라이다. 보통의 세계 나라이다. 법치를 갖추려는 나라이다. 나는 북한이 그러한 보통의 나라로 가는 여정에 나섰다고 평가한다. 개성공단은 북한이 보통국가로 가는 동력이 되었다.

사업할 자유

북한이 2005년에 만든 「개성공업지구 기업창설규정」은 개성공단에 주식회사를 설립할 수 있게 하였다. '개성신영주식회사', '개성한샘주식회사' 등이 설립되었다. 개성시 개성공업지구 1단계 5-16에 주소를 두었다. 이는 북한법에 따라 설립된 북한의 주식회사이다. 북한은 규정에서 회사들이 경영 활동에 필요한 물자를 제한 없이 공업지구에 들여오거나 공업지구 밖으로 내갈 수 있도록 보장했다. 북한은 개성공단에서 124개의 북한 주식회사 창설을 승인하였다. 그리고 그 작동을 실험하고 쓰임새를 평가했다. 이 숫자는 큰 의미를 갖는다. 개성공단에서 주식회사들을 대규모로 창설하기 전에는 북한에는 의미 있는 수의 주식회사가 없었다.

북한에 첫 외국인 투자 회사가 설립된 때는 언제일까? 1948년 12월이었다. 러시아가 투자하여 평양에 사무소를 둔 '조선-쏘련해운주식회사'라는 이름의 주식회사가 시초이다. 당시 상황에 대하여 김일성종합대학출판사의 『라진선봉 투자환경 — 투자·무역·봉사·특혜제도』는 이렇게 설명한다. "새 사회 건설의 첫 시기에 우리나라의 경제 형편은 매우 어려웠다. 무역 화물 수송에 쓸 만한 수송선도, 경험 있는 배 운영 기술자와 선원들도 거의 없었다."

이 주식회사는 평양에 본사를 두고 라진, 청진, 흥남, 원산, 남포, 선봉에 지사를 설치하였다. 이사회는 북한 두 명, 러시아 두 명으로 구성하였고, 이사장 자리는 돌아가며 맡았다. 이 회사는 중국의 대련항, 홍콩항, 일본의 시모노세키, 블라디보스토크 등의 여러 항구를 오가면서 북한의 수출입 상품과 제3국의 화물을 수송하였다. 이 과정에서 북한은 수많은 배 운영 기술자와 선원들은 물론 외국인 투자 기업을 받아들여 창설·운영할 수 있는 전문가를 양성하고 경험을 쌓았다.

개성공단 12년은 북한의 회사 제도 발전에 이바지하였다. 개성공단 이전의 북한은 국제기준의 기업 회계 지식을 충분하게 갖추고 있지 않았다. 개성공단에 입주한 한국계 기업들의 회계를 정확히 평가하여 법인세를 부과하는 것은 북한에게 어려운 도전이었다. 외국투자기업으로부터 법인세를 제대로 징수하려면, 해당 기업의 재무 상태를 파악할 수 있어야 했다. 그러나 북한에는 법인세를 정확히 계산하여 받아낼 수 있는 무형의 사회적 기반이 없었다.

개성공단 관계자에 의하면, 북측의 회계 관련 법령이 실질적으로 마련되기 시작한 것은 개성공단 가동 직후인 2005년부터였다. 개성공단 관리위원회가 북측 실무자들을 중국으로 데려가 세무회계 해외연수를 두 달 동안 시행했다. 북측은 이 부문의 지식을 습득하는 데 적극적이었다. 실리가 걸려 있었기 때문이다. 개성공단 입주 기업들로부터 세금을 정확히 받아내야만 하는 문제였다.

이종태 기자의 『햇볕 장마당 법치』에 의하면 회계 연수가 괄목할 만한 성과를 거뒀으며, 북한이 내부에서 회계 인력을 자체 양성하는 데까지 발전했다.

이러한 성과는 2011년 개정 「조선민주주의인민공화국 라선경제무역지대법」에서 기업들에게 회계 계산과 결산에서 '국제적으로 통용되는 회계기준'을 적용할 수 있도록 규정하기에 이른다. 북한은 개성공단에 머물지 않고 그 성과를 평가하여 전국적으로 확산하였다.

북한은 돈 있는 기업소가 경제를 주도하는 변화를 법제에 수용하여 뒷받침하고 있다. 2014년 「경제개발구 개발규정」에는 더 진전된 내용이 있다. 북한의 기업소도 돈이 있으면 전국의 23개 경제개발구에서 단독으로 경제개발구 개발을 할 수 있도록 하였다.

「경제개발구 개발규정」제11조는 돈이 있는 기업소를 이렇게 표현한다. "개발자금을 충당할 자체 자금이 있거나 북한 은행에 담보금을 적립할 능력이 있는" 북한의 기업소를 경제개발구 개발기업으로 선정할 수 있다.

경제개발구 개발을 희망하는 기업소는 도(직할시) 인민위원회와 협상하여 개발계약을 맺어야 한다. 계약이 성사되면, 개발사업권 신청을 해야 한다. 투자 및 개발 규모, 토지 이용계획, 하부구조 건설계획을 밝혀 신청하도록 하였다. 북한은 전력, 통신, 도로, 가스, 용수보장시설 등을 '하부구조'라고 하는데 하부구조 건설은 개발기업의 책임이다. 대신 그 사용료를 개발기업이 받을 수 있게 하였다. 또 개발사업권자인 개발기업은 경제개발구의 토지이용권과 건물을 용도별로 투자가에게 양도하거나 임대할 수 있게 하였다. 돈이 있으면 북한 기업소도 도시 개발을 맡을 수 있다.

북한 경제 생산의 기본 단위인 기업소 분야에서 2014년에 중요한 개선이 있었다. 2014년 개정 「조선민주주의인민공화국 기업소법」은, 기업소는 부족한 경영활동자금을 은행으로부터 대부받거나 '주민 유휴화폐자금'을 동원 이용할 수 있다고 했다.

이 책은 주민 유휴화폐자금을 주목한다. 북한의 법에 이 낱말
이 나왔다는 것은 기업소에 돈을 빌려줄 만큼 돈이 있는 주민이
있다는 것을 전제한다. 그리고 이 '돈주' 중에는 그저 방구석에
앉아 수동적으로 이자를 받을 목적으로 기업소에 돈을 빌려주
는 데에 그치지 않을 사람들이 많을 것이다. 그들은 더 많은 이
익을 내기 위해 적극적으로 기업소 제도를 이용한다. 부동산 개
발이나 무역업을 할 방편으로 기업소에 돈을 빌려주는 형식을
취한다. 북한에서 개인에게 기업소 설립의 자유를 법적으로 보
장하지 않는 상황에서 기업소 경영을 주도하기 위하여 유휴자
금을 제공하는 경우가 꽤 있을 것이다. 기업소에 돈을 빌려주는
방식으로 개인이 사실상 기업소를 운영하는 경우이다. 개인에
게 회사 설립의 자유를 보장하기 바로 직전 단계라 할 수 있다.

실리경제의 법치

북한은 실리경제가 뿌리를 내렸다. '고난의 행군' 시기를 겪은
후, 국가 주도 배급경제 대신 독자적으로 경영되는 기업소와 시
장을 중심으로 생활 수요의 대부분을 해결하는 실리경제가 자

리 잡았다. 종합시장을 비롯하여 골목시장과 야시장 등 여러 형태 시장이 전국적으로 늘었다. 북한은 실리경제의 바다를 건너는 중이다. 보통 말하는 '적화 야욕국가'라는 좁은 창에 갇혀서는 북한을 객관적으로 보지 못한다.

인민의 밑바닥에 거스를 수 없는 흐름이 있다. 사람살이의 보편적 요구이다. 조선 후기 실학자 최한기는 철종 11년인 1860년에 펴낸 『인정人政』에서 사람들이 이익을 좇는 것을 걱정하지 않는다고 하였다. 인간에게 이익을 주는 것이 선이라고 했다. 실리가 선이다. 자유롭게 돈을 벌며 안심하면서 살게 해 달라는 요구이다. 북한의 실리경제가 발전할수록 인민들에게는 더 많은 자유가 필요하다. 인민은 실리법치 발전을 요구한다. 실리경제를 안정적이고 효율적인 제도로 뒷받침하고 두텁게 보호하는 실리법치를 발전시켜야 한다.

실리경제가 발전할수록, 법치의 요구가 터져나온다. 재산권이 보장되어야 안심하고 장사를 할 수 있다. 거주와 이전의 자유가 있어야 돈이 되는 장소로 달려갈 수 있다. 신체의 자유는 더 말할 필요가 없다. 이는 핵무기로도 누를 수 없는 요구이다.

북한에서 법치가 가능하냐고 묻는 사람이 있다. 공개처형을 하는 곳인데 무슨 법치냐고 말하는 사람도 있다. 그러나 북한의 법치는 가능하다.

법치란 무엇인가? 법치는 인민의 자주이다. 인민이 법률을 만들고 법률에 따라 국가를 운영한다. 이를 통하여 인민의 자유와 인권을 보장하고 공공의 이익을 지킨다. 인민이 주인이 되기 위한 문명이다. 법치는 인류의 보편적 요구이다. 모든 문명의 역사는 더 나은 법치로 나아가는 역사이다.

개성공단에서 북한 법치의 가능성을 보았다. 토지 이용권을 사실상 소유권으로 인정하였다. 개성공단에서 기업 설립의 자유를 허용했다. 「개성공업지구법」은 공업지구에서 투자가의 권리와 이익을 보호한다고 하였다. 법에 근거하지 않고서는 구속 체포하거나 몸, 살림집을 수색하지 않는다고 하였다. 그리고 개성의 한국 법률가들과 함께 체류, 거주 규정 시행세칙 등 16개의 시행세칙과 회계검증기준 등 50개의 사업준칙을 만들어, 이에 근거하여 개성공업지구 기업에게 적용하였다.

2011년 개정 「라선경제무역지대법」은 더 발전하였다. 법은 '법규의 엄격한 준수와 집행', '시장원리의 준수'를 지대 관리원칙의 하나로 명시하였다. 의미가 크다. 지대에서의 법규의 엄격한 준수와 집행이란 기업의 창설과 운영, 시장 제도, 신변안전보장, 형사 등 여러 부문에서 미리 제정되어 있는 법률을 통해 지대를 운영하겠다는, 법치주의 선언이라 평가한다. 중요한 개선이다. 법률에 의거하지 않고 자의적으로 해당 기업의 자산을 압수한다거나, 함부로 사람을 잡아 가둔다면 북한에 투자하려 들지 않을 것이다. 보통국가의 핵심적 요소인 법치 요구를 일정하게 수용하였다. 지대에서의 시장원리의 준수라는 지대관리 원칙도 주목할 필요가 있다. 아직 생산력이 충분히 발전하지 못한 단계에서는 시장을 적극 활용하여 생산력을 끌어올리는 것이 역사 발전에 부합한다는 객관적 원리를 반영한다. 2004년부터 2007년까지의 개성 삼일포 협동농장의 성과가 이를 뒷받침한다.

북한은 개성공단에서 기업 경영의 의사결정 자유의 보장이 실리경제에 중요함을 인식하였다. 이를 「라선경제무역지대법」과 「기업소법」에 반영하였다.

2011년 「라선경제무역지대법」은 경제무역지대에서 기업은 경영 및 관리질서와 생산계획, 판매계획, 재정계획을 세울 권리, 생산물의 가격, 이윤의 분배방안을 독자적으로 결정할 권리를 가진다고 규정했다. 그리고 기업의 경영활동에 대한 '비법적인'

간섭은 할 수 없게 하였다. 여기서 비법적이란 불법적이라는 뜻의 북한 용어이다.

2014년 「기업소법」에서 이를 전국적으로 전면 확대하였다. 기업소는 정해진 범위 안에서 생산물의 가격제정권과 판매권을 가진다. 수요자와 주문 계약하여 생산한 생산물의 가격을 구매자의 수요와 합의 조건을 고려하여 자체로 정하고 판매할 수 있다고 했다. 그리고 기업소는 실제적인 경영권을 가진다. "사회주의 책임 관리제 아래"라는 조건이 붙었지만 실제적 경영권을 법률로 보장한 것의 의미는 매우 크다. 그리고 "국가는 기업소의 합법적 권리와 리익을 보호한다"고 명기하였다.

북한은 2019년 헌법에서 47년 만에 '대안의 사업 체계'라는 오랜 경제관리 방식을 삭제하였다. 1972년 헌법에서 채택한 '대안의 사업 체계'란 김일성 전 주석이 1961년 평안남도 용강군에 있는 대안전기공장을 방문한 후 제시한 기업소 조직 및 운영 방식이다. 기업소의 당위원회에서 기업소 운영에 관한 문제를 집단적으로 토의·결정하는 방식이다. 종래 지배인 1인 체제의 한계를 극복하려는 것이었다. 그러나 개성공단과 라선경제무역지대에서 주식회사 경영이 발전하고 「기업소법」에서 기업소 경영권을 보장하는 실리경제 흐름을 반영하여 헌법에서 삭제하였다. 북한은 실리경제가 요구하는 실리법치를 끊임없이 개선하였다. 북한은 재산권을 보장하고 시장을 적극적으로 활용하는 보통국가로 가고 있다.

보통국가는 인민의 요구이다. 그리고 북한의 선택이다. 토지이용권, 부동산 등록, 재산권 보장, 회사 운영의 자유, 회계, 세금 등 보통국가를 이루는 요소들이 개성공단에서 실체를 획득하였다. 그리고 북한은 이를 평가하고 선택하여 전국으로 확대하였다. 법으로 제도화했다. 이는 북한에서, 밑으로부터 실리경제가 성장하는 큰 흐름과 맞물리면서 근본적 변화를 만들었다. 북한은 헌법의 경제조항도 변경했다. 개성공단은 보통국가의 긴 여정에서 꼭 갖추어야 할 근육과 뼈대를 제공하였다.

실리경제가 발전할수록 인민은 보통국가의 실리법치를 요구한다. 북의 실리법치 선택지를 넓혀 주고, 선택에서 유익한 점들을 계산할 실리 공간을 창출할 때, 평화와 번영의 변화를 함께 만들 수 있다. 삼일포와 개성공단의 경험에서 얻은 결론이다.

4

남북 신통상

그러나 개성공단은 멈춰 섰다. 삼일포 협동농장에는 더 이상 한국인이 발을 들여놓지 못한다. 북한은 2017년 9월 3일의 마지막 실험을 포함하여 모두 여섯 차례 핵 실험을 하였다. 그리고 헌법에 김정일 위원장이 북한을 핵보유국으로 발전시켰다고 규정하였다. 문재인 대통령의 중재로, 2018년 6월 12일 김정은 위원장과 트럼프 대통령이 첫 북미정 상회담을 개최했지만 한반도 비핵화를 아직 이루지 못했다.

삼일포 협동농장과 개성공단의 성취는 핵무기 앞에 어떤 의미가 있는가? 이 난관을 어떻게 극복할 것인가?

이 책은 남북 신통상을 해결책으로 제안한다. 핵무기와 북한에 대한 제재라는 달라진 환경에서, 북한의 시장 발전과 전국적인 경제개발구 전략 추세에 발을 맞추어, 삼일포 협동농장과 개성 공단 사업 경험을 창조적으로 적용하여야 한다. 북한 법치 발전의 확신을 가지고, 군축과 결합하여 북한의 군사주의가 변화할 수 있는 선택지를 제공해야 한다. 이를 통하여 한반도 비핵화를 달성할 뿐만 아니라, 한국의 경제성장률을 1퍼센트 이상 끌어 올릴 수 있다.

핵무기만을 보지 말고 그 뒤에 있는 것을 보아야 한다. 핵무기 는 자주를 핵무기로 지켜야 한다는 군사주의의 결과물이다. 북 한의『노동신문』은 2014년 3월 31일 사설에서, 나라의 자주권 과 생존권은 그 어떤 청탁이나 국제적 협약에 의해서가 아니라 오직 자기 손에 틀어쥔 핵 보검에 의해서만 고수될 수 있다는 것이 명백히 확증됐다고 썼다. 이용호 북한 외무상은 2017년 9월, 유엔 총회에서 이렇게 말했다. "국제적 정의가 실현되지 않는 한, 폭제의 핵은 정의의 핵으로 내리쳐 다스려야 한다는 천리天理만이 성립될 수 있다."

한반도 비핵화를 달성하려면 북한이 군사주의 노선을 바꿀 수 있도록 군사주의의 모순과 한계를 파고들어야 한다. 실리경제 가 뿌리내린 북한에서 법치 발전을 남북통상과 긴밀히 연계하 여 추진하면서 남북과 미국의 군비를 축소해야 한다. 이를 통하 여 군사주의 노선의 변경을 이끌어 낼 수 있다.

제재의 모순

박근혜 대통령은 2016년 2월, 북한을 제재하기 위해 개성공단 철수명령을 내린 직후 국회에서 이렇게 연설했다. "저와 정부는 북한 정권을 반드시 변화시켜서 한반도에 진정한 평화가 깃들도록 만들고, 지금 우리가 누리고 있는 자유와 인권, 번영의 과실을 북녘 땅의 주민들도 함께 누리도록 해 나갈 것입니다."

그러나 박 대통령의 개성공단 폐쇄 후, 북한은 5차 핵실험을 하였다. 제재와 봉쇄로 북한에 영향을 줄 수는 있으나 군사주의 노선을 바꿀 수 없다. 이종석 전 통일부 장관은 『제재 속의 북한 경제, 밀어서 잠금해제』에서 대북제재는 북한 경제에 상당한 타격을 주었으나, 북한은 장기간 버틸 수 있는 자체 발전 동력을 확보하였다고 분석하였다.

이명박 대통령은 『대통령의 시간 2008~2013』에서 이렇게 썼다. "북한의 도발에 대한 우리의 경제 제재로 북한의 배급제는 붕괴됐다. 그 결과 주민들 사이에 장마당이 활성화되고 주민 이동에 대한 제재도 약화됐다. 나름대로 시장경제의 싹이 트기 시작하면서 한국과 중국의 실용품이 활발하게 거래되고, 북한 사회에 한국의 가요, 드라마, 의상 등이 크게 유행하게 됐다."

이 대통령이 한국의 제재가 북한에 '시장 경제'의 싹을 틔웠다고 하는 것은 사리를 분간하지 못한 것이다. 성장을 해야 시장이 발전한다. 제재는 실리경제의 성장을 막는다. 북한 법치 발전에서 저수지 역할을 하는 실리경제를 마르게 한다. 북한의 실리경제는 한국의 제재 이전인 '고난의 행군' 시기에 인민과 기업소들이 노력한 결과이다. 제재는 군사주의를 변화시키지 못한다. 오히려 자주를 위해 핵무기가 필요하다는 정당성을 강화시킬 것이다.

제재에는 그 안에 한계가 있다. 1997년 유엔 경제적·사회적·문화적 권리위원회CESCR은 「일반 논평」 8호를 발표하여 시민들의 경제적 사회적 및 문화적 기본권이 제재로 인하여 박탈당하지 않아야 한다고 규정했다. 제재가 시민 취약층의 기본적 생존권을 현저히 침해해서는 안 된다. 제재로 인해 시민의 인권이 심각하고 과도하게 침해되는 경우 제재를 계속해선 안 된다.

군사주의의 모순

군사주의는 평화를 가져오지 못한다. 안보는 무엇인가? 국제관계학 학자인 아놀드 울퍼스의 정의를 빌리면, 안보는 외부에는 사회 가치를 위협하는 사람이 없고, 안에는 그러한 가치가 공격당할까 두려워하는 사람이 없는 상태이다. 사회 가치에 대한 증오와 공포를 없앨 때, 자주를 지킬 수 있다. 군사주의의 모순은 증오와 공포를 없앨 수 없다는 점이다. 북한의 핵 개발은 오히려 아시아에서 핵무장 경쟁의 불을 당길 것이다.

일본은 1987년에 미국과 체결한 「핵에너지의 평화적 이용에 관한 협정」에서, 토카이 재처리 시설 등에서 사용후 핵연료를 재처리할 권한을 포괄적으로 동의 받았다. 만일 남한과 북한, 그리고 일본이 모두 핵무기를 보유하면 한반도는 핵전쟁 공포가 더 커진다. 군사주의의 모순은 북한의 실리경제 발전에 필요한 평화를 만들 수 없다. 군사주의는 위협과 두려움을 해결하지 못하며 오히려 악화시킨다. 미국의 핵전쟁 위협에 대한 최종적 해결은 핵 개발이 아니라 세계적 핵 철폐이다. 세계적 핵 철폐가 주권이고 자주이다. 군사주의로 평화를 만들 수 없다.

군사주의가 받드는 핵무기야말로 군사주의의 모순이다. 핵은 모두에게 언제나 해악이다. 무기는 전투원과 비전투원을 구별해야 한다는 인도주의 법의 기본 원칙에 반한다. 핵무기 사용은 가공할 범위의 직접 살상력, 방사능에 의한 식량 오염, 정상적인 생존이 불가능한 환경 파괴를 초래한다. 국제사법재판소ICJ

는 1996년 7월, 핵무기 사용은 일반적으로 전쟁에 적용하는 국제인도법에 위반될 것이라고 하였다.

핵무기는 폐기의 대상이다. 핵 철폐를 요구하는 것이 주권이다. 한반도에 일체의 핵무기와 핵위협을 끝내야 한다. 남과 북은 1992년에 발효한 「한반도 비핵화에 관한 공동선언」1조에서 "남과 북은 핵무기의 시험, 제조, 생산, 접수, 보유, 저장, 배비, 사용을 하지 아니한다"고 선언하였다.

해마다 9월 26일은 유엔이 정한 핵무기의 완전한 종식을 위한 날이다. 미국의 핵전쟁 위협에 대한 최종적 해결은 핵 개발이 아니라 미국과 세계의 핵 철폐이다. 핵 철폐 요구는 주권이다.

유엔총회는 2017년 7월 7일 「핵무기 금지조약」TPNW을 122개 국의 찬성으로 의결했다. 아시아에서는 베트남, 필리핀, 태국, 인도네시아가 서명했다. 2019년 9월 현재 79개 나라가 서명했고, 32개 나라가 비준했다. 아직 발효되지는 않았으나, 국제 사회가 이룩한 중대한 전진이다.

이미 1996년, 국제사회는 「포괄적 핵실험 금지조약」CTBT을 채택하였다. 이 조약은 대기권, 외기권, 수중, 지하까지 포함하여 일체의 장소에서 어떠한 형태의 핵실험을 금지한다. 평화적 목적으로 한다는 핵실험도 금지한다. 2019년 현재 184개 나라가 서명하여 가입하였다. 이 가운데 168개국이 비준하였다. 이 조약은 핵개발 능력이 있는 국가로 부속서 2에서 지정한 44개국이 모두 비준해야 발효된다. 여기에는 한국과 북한이 모두 포함되어 있다. 44개국 가운데 한국을 포함하여 36개국이 비준했다. 북한은 44개국 중 파키스탄, 인도와 함께 서명조차 하지 않은 3개 나라에 해당한다. 미국과 중국, 이집트, 이란, 이스라엘 5개 나라는 서명은 하였으나 비준하지 않았다. 미국과 중국은 핵확산방지협정NPT 가입국이면서도 제 의무를 저버리고 조약을 비준조차 하지 않았다. 미국은 2016년 한미 외교·국방 장관회의 공동성명에서 핵무기 없는 세상을 위한 「포괄적 핵실험 금지조약」의 조기 발효를 위해 노력하기로 약속했다. 그러나 지키지 않았다.

군사주의는 사람의 삶을 향상시키지 못한다. 더 나은 삶의 기회를 차단한다. 북한은 인민 생활 향상을 위하여 일관하여 대외무역과 투자유치 노선을 추구했다. 폐쇄경제가 아니다. 북한 전역에서 스물일곱 곳을 경제개발구로 지정하여 개발하는 정책은 그 정점이다. 서해, 대동강, 평양, 남포항, 신의주, 압록강, 백두산, 두만강, 라선, 청진, 함흥항, 원산시, 금강산 등 북한의 주요 경제권을 모두 포함했다. 북한은 경제개발구 전략에서 성공을 원한다. 경쟁력이 높은 상품을 생산하는 부문에는 토지 사용료를 면제해 준다. 경제개발구에서 10년 이상 운영하는 기업에게는 기업소득세를 면제하여 주거나 덜어 준다. 북한은 가장 강력한 유엔 제재가 나온 후에도 2017년 12월, 평양시에 강남경제개발구를 창설하였다. 2019년에는 유엔 국제물품매매계약협약CISG에 가입하였다. 국제간 물품매매계약을 어떻게 체결하며, 계약은 언제 성립하며, 어떻게 이행해야 하는지를 정한 국제 표준이다. 북한은 국제상품무역의 뼈대 역할을 하는 현대적 규범에 참여하였다.

그러나 군사주의는 북한의 대외무역 투자유치에 중대한 장애를 조성하였다. 북한의 핵실험이 잇따르자 유엔 안보리는 추가적 대북제재를 결의했다. 2017년 9월, 2375호에서, 북한 석탄의 수출 금지, 외국에서 북한 노동자 고용 금지, 연료, 천연가스, 정유제품, 원유, 수산물, 북한산 섬유제품, 항공유를 망라한 교역 금지로 제재했다. 그리고 북한과의 합작이나 협력체 구성을 금지하였다. 제재를 북한 경제 전반에 타격을 줄 분야로 확대했다. 북한은 국제교역에서 사실상 배제되었다. 원유 공급에서 더욱 중국에게 의지하게 되었다.

미국과 한국은 국민의 인권과 복지에 써야 할 막대한 돈을 군사력을 유지하는 데 쓰고 있다. 미국은 세계 지도를 7등분하여 7개의 지역별 '전투사령부'COCOMs를 배치하는 유일한 나라이다. 미국이 얼마나 많은 군사비를 쓰고 있는지는 세계은행 통계에서 잘 알 수 있다. 2018년에 미국은 6,490억 달러를 국방비에 썼다. 국내총생산GDP의 3.16퍼센트이다. 세계 평균 2.14퍼센트보다 훨씬 높다. 같은 해 한국은 431억 달러로 GDP의 2.6퍼센트이다. 중국의 1.9퍼센트, 일본의 0.9퍼센트보다 높다. 2020년 국방예산은 처음으로 50조를 넘었다. 군사주의는 인권을 개선하지 못한다. 자주는 북한과 미국 그리고 한국에서 사람의 인권을 보장하는 것이어야 한다. 자주와 인권은 함께 가는 것이다. 자주는 인권에 배타적이어서는 안 된다. 자주에 인권이 없다면, 군사주의는 비어 있는 성을 지키려고 서 있는 군사와 같다.

남북 신통상

북한은 군사주의 모순을 알고 있으며 대안을 찾고 있다. 북한은 2019년 새 헌법에서 '선군'을 국가 활동의 지도적 지침으로 삼는다는 제3조의 해당 부분을 삭제했다. 제59조의 '무장력의 사명' 조항에서 "선군혁명로선을 관철한다"는 내용도 삭제하였다. '선군'이란 국가 경영에서 군대를 앞세운다는 것으로 군사주의와 의미가 같다. 군사주의에서 벗어나 다른 대안을 추구할 선택지가 필요하다. '남북 신통상'은 손을 놓고 핵과 제재 문제가 해결되기를 기다리지 않는다. 실리의 수레바퀴를 정교하게 돌리는 데에서 시작한다. 유익을 위하여 남과 북의 사람이 만나고, 물자를 주고 받고 돈이 오고 가야 한다.

1953년 정전협정의 무력 대치 철책선을 넘어 불어오는 따뜻한 바람이 '통상'이다. 통상은 유익함과 실리를 추구한다. 남과 북의 사람과 사람이 만나고, 물자를 주고 받으며, 제품을 팔고 사며, 돈과 돈이 만난다. 실리는 실리를 낳는다. 더 큰 유익을 추구하면서 지속적 관계를 도모한다. 계속해서 만나고 거래하려는 유인과 동력이 통상 안에 있다. 이로움을 추구하는 본성은 강하다. 군사주의가 의존하는 두려움과 공포를 끝내 이긴다. 실리는 더 많은 유익을 얻기 위해, 그리고 손에 쥔 유익을 안전하게 지키기 위해 보호장치와 제도가 필요하다. 돈을 벌 자유, 사업할 자유를 실질적으로 보장받기를 원한다. 안심하고 사업할 평화를 원한다.

남북 신통상은 실리를 기초로 북한 발전 경로를 확신한다. 실리경제가 뿌리내린 북한의 두터운 바닥에서 요구하는 법치 발전을 남북통상과 긴밀히 연계하여 추진한다. 신통상은 한국의 변화도 핵심 요소로 요구한다. 북한만 변하면 된다는 접근은 신통상과 아무런 인연이 없다. 한국의 법치가 북한에 유익한 법치의 여러 선택지를 제공할 수 있을 만큼 발전하지 않으면 안 된다. 사상과 표현의 자유를 보장하며, 자주를 인정하는 아시아 법치 모범 국가가 신통상이 제시하는 한국의 정체성이다. 신통상은 유익과 실리의 거대한 흐름에 의지하면서 자주와 법치, 그리고 인권을 남과 북이 공유하는 가치로 제시한다. 신통상의 법치에서 핵심 요소의 하나는 군축의 법치이다. 군축의 정당성과 실현 가능성을 제시한다. 남북과 미국의 군비 축소를 요구한다. 신통상은 군사주의 노선의 변경을 이끌어낼 수 있다.

신통상은 한국의 경제성장률을 1퍼센트 이상 더 끌어올릴 것이다. 조봉현 박사는 '2019 경제학 공동학술대회'에서 발표한 논문 「남북경협의 경제적 효과와 정책적 이슈」에서 주요 10대 남북경협을 추진하면 한국의 경제성장률이 1.6퍼센트 더 올라갈 것으로 분석했다. 이 책에서 설명한 개성공단 2, 3단계 개발, 서해평화경제지대조성, 철도·도로 연결, 금강산 국제관광사업, 북한자원개발사업, 농수축산협력사업, 북한산림복구사업을 포함하였다.

5

농업＋경제개발구

남북 신통상은 북한에 대한 제재 속에서도 추진할 수 있는 사업에서 출발한다. 시작은 농업이다. 북한의 새로운 전략인 전국적 경제개발구 거점을 배후지 시장으로 하여 농업생산성을 끌어올린다. 금강산 삼일포 협동농장과 개성 송도리 협동농장의 성취를 적용하여, 북한 안에서 성장하는 거점을 배후지 시장으로 하여 농업생산성을 올릴 수 있다. 이를 '농업+경제개발구' 모델이라 부를 수 있다. 사람의 생계 해결을 위한 농업개발과 산림 녹화는 제재 면제 대상이다. 식량생산용 농기계 및 그 유류 공급도 제재 면제 승인을 받을 수 있다. 유엔은 2019년 11월, 유럽 비영리단체 미션이스트가 농기계를 북한으로 보내도록 승인하였다. 12월에는 경기도가 황해북도 개성시에 연간 150만 그루 묘목을 생산할 수 있는 양묘장 건설에 필요한 장비 반입을 승인하였다.

신통상은 북한의 경제개발구가 발전하도록 적극 참여한다. 경제개발구 주민의 기본적 필요를 해결하는 도로, 상하수도, 병원, 하수처리장 등 기반시설 건설에 참여한다. 여기에서 새로운 거점 시장을 적극 창출한다. 주민의 생활상의 필요를 해결하기 위한 도로, 상하수도, 병원, 하수 처리장의 건설은 제제 면제를 받을 수 있다. 금지 대상이 아니다. 오직 여기에만 사용할 목적으로 건설 장비와 유류를 북한으로 반출하는 것은 제제를 면제받을 수 있다. 경제개발구의 신도시 소비지 시장이 지역 농업 생산성을 끌어올린다는 것은 삼일포와 송도리의 협동농장에서 경험한 사실이다. 북한 농업은 산업화가 요구하는 생산성 향상 구조 개선을 이룩할 것이다. 경제개발구의 도시와 농촌이 종합적으로 발전하며, 지역 주민의 삶의 질은 높아진다. 신도시의 지속가능한 삶의 질을 보장하는 배후지 농촌이 함께 발전한다. 동시에 생활권 중심의 산림녹화를 달성한다.

신통상에서 관광의 역할은 매우 중요하다. 2018년에 480만 명의 관광객이 찾은 쿠바에서 알 수 있듯이, 사람이 교류하는 관광은 북한 지역 발전에 큰 도움이 된다. 관광 대가의 지급은 제재의 대상이 아니다. 북한의 핵무기 또는 탄도미사일 프로그램 등과 같은 유엔 대북제재 대상이 되는 활동에 기여할 수 있는 대량 현금 공여 제공이 금지된다. 제재 대상이 아닌 관광을 위한 현금 제공은 금지 대상이 아니다.

서해의 평화

서해 특구는 군사주의와의 싸움에서 매우 중요한 공간이다. 노무현 대통령은 1차 핵실험 후인 2007년 김정일 위원장과 2차 남북정상회담을 하는 자리에서 '서해평화협력특별지대' 합의에 온 정성을 기울였다. 노무현 대통령 서거 후에 나온 자서전 『운명이다』는 "평화를 정착시킬 대안을 내야 했다"라고 각별하게 그 의미를 강조했다. 김종대 국회의원이 쓴 『시크릿 파일 서해전쟁』은 만일 한반도에서 대규모 무력 충돌이 벌어진다면 그 시작은 서해가 될 것이라는 경고를 한다. 남북 신통상은 서해를 가장 전략적으로 중요한 공간으로 선택한다.

남북 신통상은 한국과 가장 가까운 최남단의 황해남도 경제개발구인 '강령국제록색시범구'를 주목한다. 강령탈춤의 고장이다. 북한 외국문출판사가 2018년에 발간한 『조선민주주의인민공화국 주요경제지대들』에 의하면 무공해지대로 농산과 축산의 고리형 순환생산체계 시험기지, 유기농 생산 및 가공기지로 발전할 전망이다. 이곳에서 개성 송도리 협동농장과 같이 공동영농사업을 진행하는 것은 중요한 의미가 있다.

가까이 평남의 '숙천농업개발구'가 있다. 숙천은 넓은 평야를 가지고 있다. 다수확 우량품종의 육종과 채종, 농산, 축산, 과수, 남새, 유기농법 개발 연구, 유기질농약 생산기지이다. 두 협동농장의 공동영농사업을 서로 연계하여 진행한다. 강령-개성-평양을 잇는 서해 농업협력 거점을 만들 수 있다. 이 개발구의 관리위원회를 북한과 함께 운영한다.(이하 북한 경제개발구 설명은 『조선민주주의인민공화국 주요 경제지대들』의 내용을 요약한 것이다.)

농업개발구에 관광을 결합하는 것이 유리함은 금강산 삼일포 협동농장에서 배웠다. 농업개발구 자체를 관광지로 발전시킨 경험은 이미 삼일포와 송도리 협동농장에서 벼베기와 모내기 관광의 성공 사례를 가지고 있다. 서해에는 개성시와 평양을 중심으로 관광 수요가 많다.

서해 평화협력특별지대에서 가까이 개성공단이 있다. 그리고 북한의 경제개발구법에 따른 세 개의 수출가공구가 있다.

남포시 와우도 구역에 위치한 '진도수출가공구'는 인천 및 중국, 동남아시아로 바로 연결될 수 있는 최대무역항 남포항에서 15킬로미터밖에 떨어져 있지 않아 지리적 이점이 매우 많다. 서해와 대동강이 만나는 서해갑문에 위치한다. 인구가 약

100만 명인 남포시는 기계·전자·경공업 부문의 기술을 축적하고 있다. 원자재를 무관세로 들여와서 남포시의 공업 기술을 활용하여 여러 경공업 및 화학제품을 생산하여 해외에 수출하려는 수출가공구이다.

아주 가까이 '와우도수출가공구'가 있다. 서해갑문 수역에 위치해 있다. 서해, 대동강, 남포항, 평양국제공항 등 지리적 조건이 좋아 새로 조성되는 지역이다. 사회기반시설을 건설할 수요가 많다. 천리마 제강연합기업소, 발전설비를 생산하는 대안중기계연합기업소, 금성 뜨락또르공장, 령남 배수리공장 등을 기반으로 수출지향형 가공 조립을 지향한다. 남포항의 진도수출가공구와 와우도수출가공구는 제2개성공단 후보지이다.

남포항에서 대동강 상류로 올라가면 황해북도의 '송림수출가공구'가 있다. 대동강 송림항을 기반으로 수출가공, 창고보관업, 화물운송업을 중심 산업으로 한다. 이곳은 북한의 대표적인 철 생산지로 황해제철연합기업소의 철강을 활용한 2차, 3차 가공산업을 발전시킨다.

이 세 수출가공구와 멀지 않는 곳에 갈탄과 38억 톤의 유연탄 매장지인 평안남도의 '청남공업개발구'가 있다. 석탄을 원료로 하는 화학제품 생산과 채취산업발전에 필요한 설비와 부속품, 공구 생산 기지이다.

서해 경제개발구를 관리하는 관리위원회에 한국이 참여하는 것은 신통상의 핵심 요소이다. 이를 위해 북한과 적극 소통한다. 개성과 가까운 곳이므로 개성공단관리위원회의 경험을 적극 활용할 수 있다. 서해경제특구들은 북한 해주항, 남포항, 인천항을 통한 한국 물류에 이점을 가지고 있다. 특히 청남공업개발구에서 생산한 갈탄 등의 광물이 경기·인천 지역의 소재업체로 연결될 수 있다.

서해 지대들은 개성공단과 연계하여 발전할 것이다. 개성공단 재가동은 유엔안보리 결의가 금지한 것은 아니다. 그러나 한국의 은행이 개성공단에 들어갈 수 없고, 개성공단 가공 의류 등의 제품들이 북한산 원산지로 판정될 경우에는 한국으로 들여올 수 없는 문제가 있다. 이와 같이 불리한 면도 있으나, 개성공단을 다시 열어야 한다. 공장을 시험 가동하고 설비를 관리하고, 개성 공단 제품을 북한 안에서 판매하는 방안을 모색해야 한다.

나아가 서해 특구는 '신의주 국제경제지대'로 연결되어 대규모 서해 벨트를 만들 수 있다. 정보통신 첨단기술산업, 무역, 관광, 금융, 보세 가공의 일체 종합형 경제개발구이다. 신의주는 중국 단둥과 압록강을 사이에 두고 나란히 접해 있다. 중국과의 오랜 교류 역사를 가지고 중국의 대북 무역의 중심지이다.

관광

동해 지대는 금강산 원산 지역과 라선경제무역지대를 두 거점으로 한다. '금강산 국제관광특구'는 이 책 1장에서 소개한 삼일포 협동농장이 있는 곳이다. 현대아산 등 한국 국민의 투자 재산과 사업권을 보장하는 전제에서 개발해야 한다.

'원산-금강산 국제관광지대'는 금강산 국제관광특구보다 더 북쪽에 있다. 인구 35만 명의 항구도시 원산시를 중심으로 한다. 금강산, 해금강, 석왕사, 명사십리해수욕장, 총석정 동정호 등 생태환경조건과 갈마비행장, 마식령스키장, 송도원국제소년단야영소 등 다양한 휴양문화시설들이 결합된 국제휴양관광지구이다. 원산농업대학, 원산수산대학, 경제관료양성 대학인 정준택원산경제대학 등에서 생태관광을 위한 교육 기반도 마련했다. 금강산 원산 지역의 관광지대를 배후지로 하는 협동농장 발전을 이끌어낸다.

금강산 삼일포와 송도리 협동농장 방식을 적용할 만한 공간으로, 백두산 답사 관광의 출발지인 '무봉산 국제관광특구'가 있다. 량강도의 무봉 국제관광특구는 백두산이 속한 행정구이다. 삼지연군, 백두산 답사와 관광객들에 대한 종합 봉사, 관광상품생산에 특화한다. 이 지역은 백두산 관광의 중심이 될 것이다. 삼지연 공항 문재인 대통령도 2019년 이 공항을 이용하여 백두산 천지에 올랐다.

이곳의 농업생산성을 이끌 수 있는 원산항 기반 '현동공업개발구'가 있다. 관세부과가 유예되는 보세구역에서의 가공을 위주로 정보통신산업과 경공업을 발전시키며, 원산항 권역을 세계적 관광지로 발전시키는 국가전략에 맞게 관광기념품생산업을 활성화시킨다. 그리고 안변군을 비롯한 인근 산악지역에서 나오는 산림자원을 가공하는 업종도 계획한다. 원산항을 활용할수 있고 남쪽과 가장 가까운 지리적 이점이 있어 잠재력이 매우 큰 공업개발구이다. 이들 개발구 관리위원회에도 북과 함께한다.

라선경제무역지대

동해에서 가장 전략적인 공간은 라선경제무역지대이다. 지대의 성공은 보통국가 북한의 완성이라 할 수 있다. 현재 지대의 관리위원장은 중국이 맡고 있다. 한국은 지대의 사회간접자본 건설에 적극 참여한다. 지대 면적은 서울시의 약 77퍼센트이다. 원자재공업, 장비공업, 첨단기술산업, 경공업, 봉사업, 현대적 고효율농업의 6대 산업을 발전시켜 동북아선진제조업기지로 개발하고 장차 라진-선봉-웅상-굴포의 연해산업지구로 발전시키려 한다.

유엔 안보리는 북한 나진과 러시아 하산을 연결하는 철도(54킬로미터) 사업과 나진항 3호 부두를 통해 러시아산 석탄을 해외로 수출하는 나진·하산 프로젝트를 제재에서 제외하였다. 이 개발사업에 적극 참여할 필요가 있다. 한반도 비핵화가 이루어져, 한국의 물류가 부산역과 서울역에서 출발하여 라선 특별시 두만강 기차역까지 통하게 되면, 이곳에서 철로로 두만강을 건너 러시아 하산역에 이른다. 그 다음부터는 시베리아횡단철도 TSR를 타고 모스크바로 치닫게 된다. 모스크바에서는 역시 철로로 폴란드, 베를린 서유럽 깊숙한 지역까지 들어갈 수 있다. 거대한 새로운 물류의 길이 열린다. 한국은 물론 일본과 미국의 물자가 한반도를 다리로 삼아 시베리아를 경유한 뒤 유럽까지 이른다. 그래서 '철도 실크로드'라고 부른다.

라선경제무역지대에서 사회기반시설 건설 성과를 내면 이를 확산시킬 징검다리가 될 공간들이 있다. 라선경제무역지대로 가는 길목의 '청진경제개발구'는 북한의 동해안 최대 무역항 청진항을 활용한다. 금속 가공, 기계 제작, 건재 생산, 전자제품 생산, 중계 수송, 대외 무역에 특화한다. 김책제철연합기업소에서 생산한 철제품을 이용한 2차, 3차 금속가공산업 중심지이다. 동해 해안선을 따라 더 내려와 동해안 홍남항에 이르면 북한의 최대 화학공업 및 대규모 기계제조지대인 '홍남공업개발구'가 있다. 함흥시 홍남항을 근거로, 보세 가공, 화학, 건재품, 기계설비 제작, 대규모 기계제작공업지역이다.

동해의 농업협력 공간으로 중요한 함경북도 '어랑농업개발구'는 동해안에서 가장 큰 평야의 하나인 어랑벌을 두고 있다. 동해안 북부 농업지대의 대표적 단위로, 농업연구와 생산을 기본으로 한다. 축산, 양어까지 배합한 현대적인 고리형 순환 생산 체계가 도입된 고효율농업기지로 발전될 것이다. 특히 육종, 채종 생산을 위한 시범기지로 꾸린다. 물 절약 및 무토양 재배를 포함한 남새와 화초 선진영농법 도입 및 현대적 축산기지로 성장할 것이다. 함경북도 농업과학원과 농업대학이 있다.

남북 신통상은 북한에 대한 제재 속에서도 가능하다. '농업+경제개발구' 프로젝트를 시작해야 한다.

6

북한 법치 발전

햇볕정책이 놓친 것

남과 북이 개성공단의 애초 계획인 공단 800만 평, 배후 도시 1,200만 평, 총 2,000만 평의 3단계 복합공업지구 개발계획을 착실하게 이행했다면, 개성공단은 확대되고 더 비약적으로 발전하였을 것이다. 인구 100만의 신도시를 만들었을 것이다. 개성시의 인구가 약 30만 명인 것을 생각하면 접경지역에 대규모의 역사적인 공간이 등장하는 것이다. 그 누구도 폐쇄하지 못할 평화와 풍요의 도시가 자리 잡았을 것이다.

그랬다면 북한 근로자의 임금 수준이 높아졌을 것이다. 그에 따라 임금만으로 북한 4인 가족의 생활필수품을 살 수 있는 임금 수준에 도달했을 것이다. 북한의 시장이 촘촘하게 발전하면서 내부 생필품 조달시장이 효율적으로 가동하는 시기도 왔을 것이다.

북한이 개성공단 근로자에게 달러 임금을 직접 지급하지 않은 것에는 이유가 있었다. 북한에는 외화를 자국 통화로 바꿀 수 있는 은행이 발달하지 못했다. 그러다 보니 환전 암시장에서 북한의 공식 환율과 '암시장 환율'의 차이가 매우 크다. 상상을 초월한다. 만일 이런 상황에서 개성공단 노동자들에게 달러로 임금을 직불하면 어떤 일이 벌어질까? 해당 노동자들이 암시장에서 공식 환율보다 엄청나게 비싸게 달러를 북한 원화로 바꾸면 북한의 공식 환율 제도는 큰 혼란에 빠진다. 한국 역시 경제 개발기엔 비슷한 이유로 외환거래를 통제했다.

애초 임금 수준인 한 달 140달러로는 생필품을 조달할 수 있는 시장도 없었다. 설령 이 140달러를 한국의 회사가 받아 대신 생필품을 사서 북한 근로자들에게 준다고 하더라도 4인 가족에게 필요한 생필품으로는 터무니없이 모자랐을 것이다. 이러한 사정과 발전 경로에 대해서는 북한도 예상하였을 것이다. 그리고 직접 지불 조건이 성숙하면 북한도 수용하였을 것이다. 그러면 역사가 달라졌을 것이다.

그러나 한국은 개성공단 개발의 대가로 바로 근로자 임금 직불을 요구했다. 그러면서도 개성공단 개발은 1단계인 3.3제곱킬로미터(100만 평)에 그쳤다. 김정일 위원장은 1차 핵실험 후인

2007년 남북정상회담에서 노무현 대통령에게 "기왕에 시작한 개성공단이니 잘해서 마무리한 다음에 (특구 신설을) 생각해 봅시다"라고 말했다.

한국은 개성공단이 발전하고 임금직불제 조건이 성숙하기도 전에, 개성공단 개발 착수 초기부터 임금 직불이라는 대가를 받을 수 있을 것으로 보았다. 그러나 착각이었다. 개성공단을 더 발전시켜야 했다. 북한 근로자가 임금만으로 일정 생활필수품 구입이 가능할 정도로 급여가 올라야 했다.

햇볕정책은 북한의 선택과 발전을 위한 구체적 연결점을 섬세하게 준비하지 못했다. 경제교류를 하다 보면 변화가 뒤따라오겠지 하는 접근법과, 이런저런 경제 협력을 제공해 줄 테니 이것을 받으려면 그 대가로 이 제도를 도입하라고 요구하는 방식 사이를 오고 갔다. 이를 극복해야 한다. '남북 신통상'은 북한이 법치국가로 발전해 가는 경로를 파악하고 그에 필요한 다양한 법치 발전의 선택지를 제공할 것이다.

북한에서는 전국적 차원에서 광범위한 실리경제가 발전해 있다. 북한은 시장거래와 소유권, 나아가 인권을 보장하는 방향으로 법제도를 바꿔나가야 할 필요성이 커졌다. 한국은 전국적 경제개발구에 적극적으로 참여하는 방법으로 북한의 실리법치가 온전하게 발전하도록 경제 제도의 실험 공간을 제공할 수 있다. 북한은 경제개발구에서 제도를 시행하고 평가하여 전국적으로 확대할 것이다. 북한은 제도 개선과 경제 발전을 통해 자신감을 가질 수 있다. 외부 세계와 더 평화적인 관계를 추구할 것이다. 북한이 군사주의 모순을 해결할 계기가 마련되는 것이다. 법치는 공포와 증오의 적이다. 군사주의 토대를 허문다. 남북 신통상은 북한의 법치 전망을 명확히 가지고 그 선택지를 올바르고 촘촘하게 준비하고 제시하는 통상이다.

북의 경제가 발전할수록, 대외 경제관계가 더 많이 형성될수록, 더 많은 경제활동 자유를 외국인과 북한 공민에게 보장할 것이다. 이는 북한의 법치 발전을 촉진한다. 남북 신통상의 눈은 북한의 법치 발전에서 한시도 떼지 않는다.

남북 신통상은 인민의 요구와 신뢰를 기초로 하여 북한의 객관적 발전 경로를 적극적으로 인식한다. 전국적 범위에서 인민의 실리법치 요구와 긴밀히 결합한다. 임동원 통일부 장관은 회고록『피스 메이커 — 남북관계와 북핵문제 25년』은 남북이 평화공존하며 서로 오가고 돕고 나누는 '사실상의 통일' 상황부터 실현하여 '주권자'인 북한 동포의 마음을 얻어야 한다고 했다.

신통상은 인권과 법치를 원하는 북한 사람들의 마음에서 출발한다. 북한의 미래를 잘 결정하도록 함께한다.

자주의 다른 이름, 인권

조선인권연구협회는 2014년에 처음으로 체계적인 『조선인권보고』를 출판했다. 이 책에서 북한의 인권관을 알 수 있다. 북한은 인권을 자주적 권리로 파악하며, 국권이 보장되는 조건 아래에서 인권이 있다는 관점이다. 다음과 같이 인권을 논한다.

"인권은 정치·경제·문화를 비롯한 사회생활의 모든 분야에서 사람들에게 주인으로서의 지위를 보장하고 주인으로서의 역할을 다하도록 하는 자주적 권리로 되는 것이다. (…) 국권이 보장되는 조건 하에서 인권이며, 결코 내정간섭의 대상으로 되거나 내정간섭을 합리화하기 위한 도구로 될 수 없다."

식민지 시기, 나라 잃은 조선 민족의 참혹했던 현실은 북한이 말하는 국권의 보장이 인권 보장에 얼마나 필요한지 뼈저리게 보여준다. 국가의 자주를 우선적으로 보는 북한의 인권관은 식민지 조선의 고통을 반영하였다.

자주는 중요하다. 나라의 자주가 없으면 인민의 인권도 보장하기 어렵다. 나라 잃은 백성의 비애와 비참함은 이루 말로써 다 표현할 수가 없다. 상가집 개보다 못한 처지가 된다. 왜 4만 명의 조선인이 히로시마와 나가사키에서 핵무기에 목숨을 잃어야 했는가?

그러나 인민의 인권을 보장하지 못한다면 나라의 자주는 무의미하다. 자주는 인권의 다른 이름이다. 국가의 자주성은 기본적 인권을 보장하기 위해 있다. 보편적 인권을 보장하기 위하여 국가의 자주성이 필요하다. 그렇다면 인권은 자주의 다른 이름이다.

국가를 잃은 시기에서도 조선인은 1919년에 「대한민국 임시헌장」을 공포하여 열 개의 보편적 자유를 요구하였다. "대한민국의 인민은 종교, 언론, 저작, 출판, 결사, 집회, 통신, 주소 이전, 신체 및 소유의 자유를 가진다"(9조)고 썼다. 나라가 없던 때의 인권 규범이다.
나라가 없던 때에도 제창했던 인권을, 나라를 만들었다면 더욱 철저하게 보장해야 한다. 그렇지 않으려면 나라가 왜 있는가? 기본적 인권을 보장하는 것이 나라의 책무이다.

북한은 2004년에 「조선민주주의인민공화국 형사소송법」을 개정하여 강압에 의한 진술뿐만 아니라 유도에 의한 진술도 증거로 쓸 수 없도록 하였다. 형사사건의 취급 처리에서 인권을 철저히 보장하도록 규정했다. 피의자를 체포할 때 검사가 발부하는 체포영장 없이 체포할 수 없다고 규정했다. 2005년에 인민보안단속법을 개정하여 국가는 인민보안 단속에서 인권을 유린하거나 직권을 남용하지 않도록 한다고 규정했다. 법질서를 어긴 자를 억류하였을 경우에는 24시간 안으로 검사, 억류된 자의 가족과 직장 또는 거주지의 사무소에도 알리도록 했다. 2011년 「조선민주주의인민공화국 행정처벌법」에서 소급처벌 금지원칙을 정했다. 그리고 행정처벌기관이 권한 밖의 행정처벌을 줄 수 없게 하였다.

북한의 법치에서 북한이 2012년에 「조선민주주의인민공화국 법제정법」을 시행한 것은 의미가 크다. 이 법은 북한이 법을 만드는 절차를 규정하고 법 사이의 효력 순위를 정한 법이다. 한국법제원의 손희두 박사는 『북한 법이념의 변화와 남북한 법제 협력』에서 이를 "북한에서 형식적 법치주의 발전에 관한 분명한 징표"라고 평가한다.

「법제정법」은 북한 헌법 제88조와 같이 입법기관('립법기관')으로 "립법권은 최고 인민 회의가 행사한다"고 규정했다. 최고인민회의는 법령이 국가의 노선과 성책에 어긋날 경우, 최고인민회의 상임위원회가 낸 법과 규정을 폐지 또는 취소할 수 있다. 법은 공포해야 하며, 규정과 세칙은 등록하도록 했다.

기관, 기업소, 단체와 공민은 내각 규정이나 도(직할시) 인민위원회 세칙이 헌법과 부문법에 저촉된다고 인정하는 경우에는 최고인민회의 상임위원회에, 그리고 내각위원회, 성이나 도(직할시) 인민위원회가 낸 세칙이 내각 규정에 저촉된다고 인정하는 경우 내각에, 각 심사해 줄 것을 제기할 수 있다고 하였다. 즉 인민에게 정부와 인민위원회가 만든 규정과 세칙에 대한 위헌 위법 심사를 청구할 권한을 부여했다. 이 제도를 실제로 어떻게 발전시키고 있는지 주목할 필요가 있다.

유엔 회원국들이 2015년 10월 30일에 결의한 「조선민주주의인민공화국의 인권 상황」에는 북한의 심각한 인권침해와 동시에 인권개선 상황도 함께 있다. 북한이 「시민적 및 정치적 권리에 관한 국제규약」, 「경제적·사회적 및 문화적 권리에 관한 국제규약」, 「아동권리협약」 및 「여성차별철폐협약」, 「장애인권리협약」에 서명한 것에 감사를 표시하였다. 그리고 북한이 '국가별 정례인권 검토'UPR에 참여한 것에 감사를 표했다. 이는 북한이 가입한 인권 규약을 잘 이행하는지를 회원국들로부터 심의를 받고 개선하는 절차이다. 위 결의에서 회원국들은 북한 정부가 국가별 정례인권 검토' 결과에서 268개의 권고안 중 113개의 권고안을 수용한 점을 주목하였다.

신체의 자유 보장

북한은 헌법에서 정한 대로 재산권과 인권을 전국적 범위에서 보장할 과제가 있다. 신체의 자유와 재산권과 기업 설립의 자유를 실질적으로 보장하는 것이 핵심이다.

북한은 2006년에 헌법에서 국가는 근로인민의 인권을 존중하고 보호한다고 규정하였다. 헌법에 처음으로 인권이라는 개념을 사용하였다. 북한은 인권 개선을 위하여 노력했다. 2004년 개정 「조선민주주의인민공화국 형법」에서 국가는 형법에 규정된 범죄에 대하여서만 형사책임을 지우는 죄형법정주의를 도입했다. 이는 "법률 없으면 범죄 없고 형벌도 없다"는 근대형법 기본 원리이다. 형사 처벌의 대상이 되는 범죄의 구성요건을 법률의 이름으로 그 안에 명확하게 규정하여 국가형벌권이 함부로 행사되지 못하도록 하는 핵심 장치이다.

그러나 법전의 단어가 곧 현실은 아니다. 북한은 이동의 자유와 여행의 자유, 거주 이전의 자유를 충분히 보장하지 않는다. 「조선민주주의인민공화국 인민보안단속법」은 인민보안원이 하는 '억류'에 최소한의 체포영장제도마저 적용하지 않는다. '법질서를 어긴 자'라는 이유만으로 한국의 경찰에 해당하는 인민보안소가 체포영장 없이도 3일을, 시 인민보안서는 10일까지 억류할 수 있다.

노동교양 처벌은 더 심각하다. 행정기관과 인민보안기관이 행정처벌법과 인민보안단속법에 따라 5일 이상 6개월 이하까지 노동교양소에 보내는 노동교양으로 처벌할 수 있게 했다. 영장이나 재판도 없이 노동교양 처벌을 할 수 있다.

유엔 총회는 2015년 10월 30일에 「조선민주주의인민공화국의 인권 상황」을 결의하여, 북한에게 "조직적이고 광범위하고 심각한 인권침해"를 멈출 것을 요구했다. 2014년에 발표된 국제연합의 '조선민주주의인민공화국 인권조사위원회'COI 보고서에 의하면 위원회가 북한 인권 상황을 조사하기 위하여 북한 방문을 여러 차례 요청하였으나 북한은 거절했다. 그리고 위 보고서를 출판하기 전에 북한에게 그 내용을 제공하고 평가의견 제출을 요청하였으나 북한은 받아들이지 않았다. 한국 국적의 김정욱, 김국기, 최춘길, 고현철, 김원호, 함진우 씨 등이 북한에서 복역 중이거나 억류 중이다.

북한 형법에서 정한 죄형법정주의를 온전히 실현해야 한다. 북한 형법의 "조국을 배반하고 투항, 변절한 경우" 처벌한다는 조항과 같은, 자의적인 판단이 가능한 조항들을 모두 폐지해야 한다. 인간의 기본적 존엄성에 반한 공개처형도 마찬가지이다. 중국은 2007년 이후 공개처형을 하지 않고 있다.

영장 없는 억류와 재판 없는 노동교양은 북한 헌법에서의 인권 보장 규정과 맞지 않다. 법질서 위반자라는 이유로 검사의 체포 영장조차 없이 3~10일간 억류할 수 있는 것은 북한 헌법과 맞지 않다. 북한 헌법에서 정한 근로인민의 인권을 실제로 보장해야 한다.

'신체의 자유'의 보장은 경제개발구의 성공을 위해서도 매우 중요하다. 경제개발구에서 개인의 신변안전은 조선민주주의인민공화국의 법에 따라 보호된다. 법에 근거하지 않고는 구속, 체포하지 않으며 거주 장소를 수색하지 않는다. 만일 그 법이 신체의 자유를 온전히 보장하지 않으면 어떻게 할 것인가? 지금 북한의 「인민보안단속법」 및 「경제개발구 인민보안단속규정」

을 그대로 적용하면 경제개발구의 외국인들도 「인민보안단속법」 적용을 받는다. 그래서 자기 나라와 북한과의 별도의 신변안전조약이 없다면 「인민보안단속법」에 따라 법관의 영장 없이 구금될 수 있다. 법관의 영장 없이는 체포 구금할 수 없는 제도를 도입해야 북한 헌법의 인권 보장을 온전히 실현할 수 있다. 남과 북이 '남북 인권 대화 기구'를 통하여 서로의 인권 보장 제도를 공유하고 개선하기 위하여 공동 노력하는 것이 중요하다. 이는 아시아 인권 기구가 창설될 기초가 될 수 있다. 세계의 여러 대륙 중 대륙인권기구가 없는 곳이 아시아이다.

전국적 범위에서 기업 설립의 자유를 보장하는 것이 실리경제에 유익하다. 통일 베트남은 1999년 기업법에서 회사 설립 허가제를 폐지했다. 설립등기를 하는 방식으로 회사 설립의 자유를 인정하였다. 북한도 사업할 자유를 요구하는 인민의 요구를 받아들일 것이다. 쿠바는 2019년 새 헌법에서 쿠바 공산당을 사회와 국가의 최고 영도력으로 규정하고, 금융·통신·교육·유통·생산에 대한 국유화를 유지하면서도 대통령 임기제를 도입했다. 대통령과 권력을 분점할 총리제를 도입하였다. 그리고 대의원을 선출하는 데에 있어 공산당 단일 후보에 대한 찬반 가부 투표 방식이 아니라 복수의 공산당 후보에서 선출하도록 규정했다. 사유재산 대상을 확대하였고, 투자자 보호, 자영업자의

사적 고용을 허용하였다.

재산권 보장

북한 헌법 제24조는 개인의 소유를 보호하는 것을 국가의 의무로 정하였다. 재산권 보장의 관건은 국가기관에 의해 개인 재산권이 침해되지 않도록 하는 것이다. 여기에 법원의 역할을 더 높여야 한다. 북한 헌법 제162조는 재판소가 인민의 헌법적 권리와 생명 재산을 보호할 임무가 있다고 했다.

각 재산권 보장 사건을 옳게 처리하려면 법원이 독자적으로 재판권을 행사해야 한다. 북한 헌법 166조에서 재판소는 재판에서 독자적이며 재판활동을 법에 의거하여 수행한다고 규정한다. 또한 북한 형사소송법도 재판소는 재판에서 독자적이며 재판을 법에 의거하여 진행한다고 정한다. 하지만 북한에서 법률의 해석 권한은 최고인민회의 상임위원회가 가지고 있다. 그렇다면 북한 헌법이 정한 재판의 독자성이란 무슨 의미를 가질까? 두 권한의 조화가 필요하다.

만일 국가가 국민의 사업권을 제한하거나 기업소의 권리를 부당하게 침해하는 경우 어디에 구제를 요청할 것인가? 북한은 '신소'라는 제도를 두어 해당 기관에 구제를 요청할 수 있게 한다. 한국의 이의 신청 또는 행정심판 제도라 할 수 있다. 그러나 신소에서도 구제를 받지 못하면 어떻게 할 것인가? 국민의 권리를 구제하는 독립적 행정소송이 필요하다. 이 절차에서 국가는 재판부의 판결에 따른다.

북한은 2011년 개정 「나진선봉경제무역지대법」 83조에 '행정소송'이란 제도를 처음 도입하였다. 아직 그 구체적 절차는 나오지 않았다. 중국은 1990년에, 베트남은 1996년에 행정소송을 도입했다. 노청석 연변대 법대 교수가 연변대 조선한국연구센터에서 2016년에 4월에 발간한 『조선한국법연구』에 실은 「중조라선경제무역구 관리방식 연구」 논문에 의하면 「라선경제무역구 행정조정, 행정심판 및 행정소송 규정」 및 「실시 세칙」을 제정할 예정이다. 베트남이 1996년에 도입한 행정소송제도를 참고할 만하다. 라선경제무역지대에서 행정소송을 실제로 운용하고, 이를 평가하여 전국적 범위에서 재산권 보장 소송제도를 운용하고 발전시키는 것이 필요하다.

전국적으로 광범위하게 추진하는 경제개발구에서 성과를 내려면 경제개발구에 투자하는 외국인 자산을 법과 절차에 따라 전면적으로 보호해야 한다. 북한도 이를 잘 알고 있다. '남북 신통상'은 투자자 보호 법제를 더 높은 차원으로 발전시켜, 전국적 차원에서 북한 법치의 발전을 도모할 것이다.

투자자의 재산권을 온전하게 보장하려면 북한의 사법제도가 더 발전해야 한다. 아직 북한에는 행정소송이 자리잡고 있지 않다. 그때가 될 때까지 남북이 투자자 보호를 위한 공동의 행정기구를 만드는 방안을 제안한다. 투자자 보호 문제가 생기면 남북공동투자보호기구에서 두 나라의 정부가 협의하고 조정한다. 이 과정에서 투자자 보호를 효과적으로 하는 데에 제기되는 문제들을 서로 토의하고 개선시켜 간다. 북한 전역에 있는 여러 경제개발구에 투자한 투자자가 북한 당국이 자신의 재산권을 침해했다고 생각할 경우 이 남북공동투자자보호기구에 자신의 보호를 신청한다. 이 공동기구를 통하여 남과 북은 북한 전역의 투자자 재산권 보호를 도모한다. 보다 효과적이고 신뢰할 수 있는 보호 장치를 함께 개선한다.

북한에서 행정소송이 발전하면, 남북이 공동으로 투자자 보호를 위한 공동투자법원을 서울과 평양에 설립하는 것이 북한 법치에 유익하다. 남북공동투자법원은 남과 북의 투자자가 상대방 당국의 행위로 인하여 재산권이 침해되었다고 생각할 때에

그 구제를 요청하는 소송을 담당한다. 여기에는 금전배상 소송
도 포함한다. 남과 북의 판사들이 힘께 사선을 심리하는 가운데
북한의 행정소송의 발전에 도움이 될 여러 선택지를 함께 검토
할 수 있다. 남북공동투자법원에서 북한은 행정소송의 경험을
공유하고 평가할 수 있을 것이다. 북한의 행정소송 발전을 도울
수 있을 것이다.

남북의 행정과 사법이 서로 밀접하게 소통하고 함께 발전하는
것이 중요하다. 이를 위해서는 현행「남북 사이의 상사분쟁 해
결절차에 관한 합의서」와「남북상사중재위원회 구성 운영에
관한 합의서」를 개정해야 한다. 아쉽게도 이 합의서들은 남북
행정기구나 법원이 아니라 '남북상사중재위원회'에서 당국의
투자자 재산권 침해 사건도 같이 담당하도록 했다. 그러나 이
중재위원회의 본디 기능은 남북 기업 사이의 돈 문제와 상사 분
쟁을 해결하는 것이다. 민간 기업 사이의 상사 분쟁은 그저 기
업 사이의 금전 문제일 뿐이다. 남과 북 당국의 투자자 재산권
보호 정책의 문제가 전혀 아니다. 그러므로 남북상사중재위원
회는 기업 사이의 상사 분쟁에만 집중하는 것이 바람직하다. 당
국의 투자자 보호 문제는 구분하여 행정부 차원의 남북공동투
자보호기구에서 해결하고, 북한의 행정소송제가 발전하면 남
북공동투자법원에서 맡는다.

그리고 남이나 북에 의하여 투자자의 재산이 부당하게 침해되었을 때 이를 실제로 보상할 수 있도록 남북이 함께 일정 기금을 출연하여, 투자보호기금을 만든다. 남에 투자한 북의 기업소 또는 북에 투자한 남의 기업이 양측 정부의 행위로 재산권이 침해될 경우 투자자가 제도 개선이나 처분 변경이 아니라 금전 배상을 원할 경우 이 기금에서 지급한다.

동시에 투자자의 신변안전 보호를 위하여 남북사법공조협정을 체결하여, 투자자를 조사하거나 구속할 수 있는 요건과 절차, 그리고 신속한 통보 및 변호인의 조력을 받는 절차를 정한다. 북한은 중국과 2003년 「조중 민형사 사법협조조약」을 체결하였다. 햇볕정책을 넘어 '남북 신통상'의 성과가 북한 법치에 이바지하도록 촘촘하게 구상한다.

7

아시아 민주모범국가

한국의 변화

'남북 신통상'은 한국의 국가적 정체성을 '아시아 민주모범국가'로 본다. 한국이 설 제자리이다. 신통상이 성공하는 데에 한국 법치 발전은 핵심적이며 필수불가결하다. 한국의 법치가 전진하지 않으면 북한에게 의미 있는 선택지를 제공할 수 없다.

북한에게만 변화하라고 하는 것이 아니라 한국도 같이 변화해야 한다. 북한의 법치 발전에 가장 중요한 나라가 한국이다. 한국은 스스로 끊임없이 개혁하여 법치의 모범적 선택지가 되어야 한다. 아시아 법치 모범국으로 발전해야 한다.

그러나 개성공단 기업들은 2016년 2월 10일, 하루아침에 개성공단 토지이용권과 공장소유권과 기계와 원자재를 놓고 철수해야만 했다. 박근혜 대통령은 남북교류협력에 관한 법률에서 정한 남북 협력사업 승인 취소 절차도 거치지 않은 채 전면중단을 결정하였다. 박근혜 대통령이 개성공단 전면철수 명령을 내린 것은 미국 제재에 보조를 맞추기 위해서였다.

한국은 북한에게, 박근혜 대통령이 개성공단 폐쇄 후에 말한 '자유와 인권, 번영'의 모델이 되기에 충분한가? 개성공단 폐쇄는 아직 취약한 한국 법치주의의 현실을 있는 그대로 보여주었다.

한국이 법치 발전을 이루지 못하면 북한의 법치 발전 요구에 도움이 되지 못한다. 뿐만 아니라 한국의 공간을 확보할 수 없다.

중국은 2010년 11월, 북한과 「조중 라선경제무역구 및 황금평·위화도 경제구 공동개발 및 공동관리협정」을 체결하였다. 라선경제무역구 관리위원장은 중국이 맡고 있다. 중국 길림성 정부와 북한 라선특별시 정부는 '라선경제무역구 공동개발·공동관리 연합공작위원회'가 구성되어 있다. 두 지방정부는 2011년 장춘시와 라선시에서 회의를 열어 「조중 라선경제무역구(2011-2020) 계획기본협정」을 채택하였다. 이 구상은 중국과학원의 지리과학 및 자원연구소가 주도하였다.

한국은 개성공단에서 그러하였듯이 북한의 경제개발구에서 개발구 관리위원회를 북한과 같이 운영해야 한다. 그리고 북한이 법치 발전을 달성하도록 선택 가능한 제도적 선택지를 제공한다.

'남북 신통상'은 북한의 법치 발전 경로에 대한 명확한 인식을 가져야 한다. 법치로, 남북 신통상으로 더 밀착해야 한다. 한국의 법치는 북한에게 모델이 될 수준까지 성숙해야 한다. 남과 북은 같이 변화해야 한다.

북한은 재산권 보장과 사업할 자유, 그리고 재판소의 독자성을 끊임없이 모색하고 선택할 것이다. 북한은 전국적 경제개발구의 전면적 경제발전을 위한 법제 변화를 선택할 것이다. 한국은 북한에게 전면적 경제 발전을 위한 법제도 도입 선택 폭을 넓혀줄 수준 있는 법치국가로 성숙해야 한다. 북한이 더 체계적이고 합리적인 선택을 하도록 도울 수 있는, 역량이 있는 법치 국가로 발전해야 한다.

표현과 사상의 자유

군사주의에 대한 진정한 대책은 '제재'가 아니라 '분별'이다. 이

성이다. 사상의 자유로운 경쟁이다.

1999년, 태어나서 처음으로 북한 땅을 내 눈으로 직접 보았고
내 발로 밟았다. 몹시 두려웠다. 장모님과 같이 간 금강산 관광
이었는데도 두려웠다. 직접 보지도, 겪지도 않았던 곳인데 왜
나는 미리 두려웠을까?

두려움은 외부에서 오지 않는다. 안에서 만들어지고, 내부에서
자란다. 공포와 증오에서 군사주의가 배양된다. 한국은 1953년
의 정전협정 후 지금까지 65년이 넘는 군사력 대치와 전쟁 공
포에서 해방되지 못하였다. 국민으로 인정받지 못하는 '빨갱이'
로 배제될지 모른다는 불안감이 무의식 깊숙이 자리 잡았다. 평
화를 위해 전쟁을 준비해야 한다는 군사주의가 지배한다.

표현과 사상을 억압하면 공포가 자란다. 군사주의는 표현과 사
상을 억압한다. 남은 국가보안법으로, 북은 형법으로, 표현과
사상의 자유를 억압한다. 국가보안법은 북한찬양죄, 북한선전
죄와 북한동조죄 그리고 선전·선동 목적의 문서제작죄, 문서
소지죄로 처벌한다. 북한 형법은 어떠한가? 반국가 목적 선전
선동죄, 국가에 대한 불신 조성·허위풍설 날조유포죄, 출판질
서위반죄, 공화국을 적대시하는 자를 비법적으로 도와주는 비

법협조죄를 처벌한다. '반국가목적 없이 적들의 방송을 듣는 행위'도 처벌한다.

적에 동조하는 보이지 않는 세력이 내부에 있고, 이들이 언젠가 들고일어나 외부의 적과 손을 잡고 지금 내가 누리고 있는 자유와 재산을 빼앗아 갈 것이라는 두려움이 있다.

표현과 사상의 자유를 보장하여, 자유로운 대낮의 광장에서, 거실의 텔레비전에서 사상이 자유경쟁할 때, 이성은 현실과 마주할 것이다. 북한은 자신의 군사주의에 동조하는 세력이 한국에 많이 존재하지만 국가보안법 때문에 거리에 등장하지 못한다고 생각한다. 사실과 다른 판단이다.

그 누구도 표현과 사상을 이유로 처벌받아서는 안 된다. 상대방을 칭찬하고 이해했다는 이유로, 상대방과 생각이 비슷하다는 이유로, 상대방에게 동조했다는 이유로, 상대방과의 통신, 통행, 그리고 통상을 하였다는 이유로 처벌을 받아서는 안 된다.

사람들이 두려움과 적개심에서 해방될 때 군사주의는 퇴각한다. 사상과 표현의 자유가 군사주의에 대한 가장 강력한 대책이다. 표현과 사상의 자유를 보장하면, 남북의 노선이 남북 사람들에게 갖는 영향력의 실체가 투명하게 드러난다. 마치 풍선에서 바람이 빠지듯이 공포감이 줄어들 것이다. 분별력을 회복할 것이다.

환한 대낮에, 광장의 연단 위에서 사상이 자유롭게 경쟁할 때 군사주의에 제대로 맞설 수 있다. 상대방을 제재하고, 군비를 강화하는 것으로는 군사주의를 없앨 수 없다.

광장에서 정치적 분별력을 북돋아야 한다. 누구라도 광장에서 말할 자유, 사상의 자유를 누려야 한다. 광장에서 말과 사상을 이유로 억압해서는 안 된다. 남과 북의 인터넷에 접속할 자유, 남과 북의 방송을 볼 자유를 보장해야 한다. 자유로이 접속하고, 우편과 서신을 주고받을 수 있어야 한다.

자주가 중요함을 인정해야 한다. 인정할 것은 인정하는 용기가 필요하다. 안보란 자주를 유지하는 것이다. 그러므로 참된 안보는 자주이다. 자주는 미국이라는 나라와의 관계에 한정되는 좁은 개념이 아니다. 사고의 다양성을 인정하는 넓은 개념이다.

한반도 공간 안에는 주변 강대국과 어떠한 관계를 맺을 것인가에 대하여 여러 가지 다양한 생각이 있다. 한반도는 획일적 사고를 만들 수 없는 장소이다. 다양한 의사가 있다는 것을 전제로 의사를 결정하고 절차를 통해 통합을 유지할 때 자주가 가능하다.

2013년에 수원지방법원 송인권 판사는 이렇게 판결했다. "친미·반미를 비롯하여 정상적인 국가와의 관계 설정에 관한 문제는 특별한 사정이 없는 한 국제 정세 속에서 우리가 선택할 수 있는 외교 정책의 문제이다. 반미 자체를 우리 헌법 질서에서 허용되지 않는 주장이라거나 그러한 주장이 우리의 헌법 질서를 부정하거나 위태롭게 한다고 보기는 어렵다."

남북의 사형제 폐지

식민지 시기와 해방, 그리고 한국전쟁에 이르기까지 남과 북에서 국가에 의한 무수한 죽임이 있었다. 이 땅이 독일과 다른 점은 너무도 많은 사람들이 민족에 의해 죽었다는 사실이다. 민족이 민족을 대규모로 조직적으로 죽였다. 남과 북의 정치 체제는 이 죽음을 거쳐 강고해졌다. 남북 분단이 아직도 유지되는 것은 민족 내부의 몸서리쳐지는 집단적 기억이 살아 있기 때문이다. 학살과 처형의 공포가 지속되는 한 군사주의를 해소할 수 없다.

그러므로 남과 북에서는 그 누구도 국가에 의해 죽임을 당하지 않는 사회를 만드는 것이 군사주의의 극복에 매우 중요하다. 군사주의는 두려움을 자신의 기반으로 한다.

한국은 형법 41조에, 북한은 형법 27조에서 형벌의 종류로 사형을 규정한 사형제를 폐지해야 한다.

국가보안법의 무수한 사형 규정을 보자. 수괴의 임무에 종사한 자, 그리고 간부 기타 지도적 임무에 종사한 자에게 사형 선고를 할 수 있게 정했다. 여기에 반국가단체나 그 구성원의 지령을 받아 한 목적수행죄에 사형이 가능하다. 이 지령 목적수행죄는 군사상 기밀 또는 국가기밀을 탐지·수집·누설·전달하거나 중개한 자 등 무수히 많은 죄를 포함한다. 반국가단체나 그 구성원의 지령을 받거나 받기 위하여 또는 그 목적수행을 협의하거나 협의하기 위하여 잠입하거나 탈출한 자에게도 사형을 선고할 수 있다.

북한도 형법의 사형제을 폐지해야 한다. 조선민주주의인민공화국의 국가전복음모죄, 테로죄, 조국반역죄, 파괴 암해죄, 민족반역죄의 사형 규정을 폐지해야 한다.

인간의 존엄성에 기초한 정치공동체를 한반도에서 뿌리내리려면 더 이상 국가로부터 죽임을 당하지 않는 곳이 되어야 한다. 남과 북의 모든 생명체에 안심의 메시지를 저 깊은 무의식의 세계로 송신해야 한다.

밝은 대낮의 광장에서 사상이 자유롭게 경쟁할 때, 군사주의의 어둠을 물리칠 수 있다. 그러므로 한반도 비핵화는 사상과 표현의 자유에서 시작한다.

상호 주권 인정

남북은 서로의 존재와 가치를 인정해야 한다. 우리 민족의 가치는 핵으로 지켜지지 않는다. 핵이 없어도 사회의 가치와 인간적 존엄성을 지킬 수 있다. 남한과 북한은 서로의 자주, 곧 국제법상 주권을 인정해야 한다.

"독일에 두 개의 국가zwei Staaten가 존재해도, 서로에게는 외국이 아닙니다. 그 둘은 서로에게 '특별한 관계'일 뿐입니다." 빌리

브란트는 1969년, 이렇게 그의 동방정책Ostpolitik을 집약했다. 동독이 주권을 가진 국가라는 현실을 인정하지 않고선 현실을 극복할 수 없다.

그래서 1972년 동독과 기본조약Grundlagenvertrag을 체결하여, 현존하는 국경선을 기준으로 한 모든 유럽 국가의 국경 불가침 및 그들의 영토 보전과 주권의 존중이 평화를 위한 기본적인 전제조건이라는 점에 합의하였다.

서독과 동독은 각자 영역에서 주권적 관할권을 가진다는 원칙에 기초하여 양국 관계를 진행했다. 그리고 나라 사이의 주권의 평등, 독립의 존중, 자주, 영토 보전의 존중, 자결권, 인권 보장, 평등 원칙을 따랐다. 경제, 과학, 기술, 통행, 법률, 우편, 전화, 보건, 문화, 스포츠, 환경보호 및 기타 분야에서 협력을 발전시키고 촉진하였다.

노태우 대통령은 1988년 「민족자존과 통일번영을 위한 특별선언」에서 북한이 국제사회에 발전적 기여를 할 수 있도록 협력하며, 북한이 미국·일본 등 우리 우방과의 관계를 개선하는 데 협조할 용의가 있다고 선언하였다. 1989년에는 「한민족공동체 통일방안」을 발표하여, 통일을 이루는 중단 단계로 우선 서로

가 서로를 인정하는 바탕 위에서 공존·공영하여 민족공동체를 발전시켜야 한다고 하였다. 사실상 북한의 국제법적 주권을 승인하였다.

1991년, 남북한이 동시에 유엔 회원국으로 가입하였다. 남과 북은 1991년 12월 13일 체결된 「남북 사이의 화해와 불가침 및 교류·협력에 관한 합의서」(남북기본합의서)에서 서로 상대방의 체제를 인정하고 존중한다고 하였다.

북한은 세계 164개 나라로부터 국가로 승인을 받은 자율적 주권 국가이다. 북한은 국제법적으로 객관적으로 실재하는 주권 국가이다. 외국이 아닌, 다른 나라이다. 지금의 공존과 미래의 통일을 지향하는 특별한 관계에 있는 나라이다.

헌법은 '평화적 통일' 과 '평화 통일'을 모두 일곱 차례나 호명한다. 대통령에게 조국의 평화적 통일을 위한 성실한 의무를 부여했다(제66조 제3항). 헌법의 평화적 통일이란 일차적으로 합의에 의한 통일이다. 이는 합의를 할 상대 당사자가 객관적으로 실재함을 전제한다.

군사주의 모순을 해결하는 것은 상호 주권을 행동으로 인정하는 것이다. 한국은 헌법의 영토 조항을 서독 기본법과 같이 바꾸고 북한은 노동당 규약을 변경해야 한다.

옛 서독 헌법인 기본법 제23조는 기본법의 적용 범위를 서독의 주권적 관할이 실제로 미치는 바이에른, 바덴, 헤센 등 11개주에 한정했다. 독일의 그 밖의 지역, 즉 구 동독 지역은 연방국에 가입한 후에 기본법이 효력을 발생한다고 규정하였다.

대한민국 헌법 제3조는 '한반도와 그 부속도서'를 영토로 규정하였다. 그러나 현실적으로 북한 지역에는 국제법상 주권을 가진, 국제연합 회원국인 '조선민주주의인민공화국'이 존재한다. 헌법 3조를 개정할 필요가 있다. 서독 기본법과 같이, 통일 전과 통일 후를 구분하여, 통일 전에는 실효적 관할권이 미치는 지역을 영토로 규정할 필요가 있다.

북한도 조선로동당 서문을 개정해야 한다. 2012년 개정 조선로동당 규약 서문에서 조선로동당의 당면 목적이 공화국 북반부에서 사회주의 강성국가를 건설하며 '전국적 범위에서' 민족해방민주주의 혁명의 과업을 수행하는 데 있다고 선언한다. 여기서의 전국적 범위는 한반도 전역을 의미한다. 서문은 대한민국의 주권을 부인한 잘못된 것이다.

용기가 필요하다. 남과 북은 서로를 인정해야 한다. 한국과 북한이 아시아 법치모범국가로 함께 발전할 출발점이다.

8

군축 법치

'남북 신통상'에서 군축 법치는 필수적 구성 요소이다. 질서 정연하고 검증 가능한 군축을 제도적으로 뒷받침할 때, 신뢰를 만들 수 있다. 남북 신통상은 남북 군비 축소를 동반할 때 성공한다. 한국은 주변 열강들과 군비 경쟁을 벌이는 방식으로 안보를 도모하는 나라가 아니다. 동북아의 군비 축소와 비핵화를 통하여 군사적 대치를 해소하는 집단 안보 전략이 한국의 안보 전략이다.

전략적 자주성

한국의 군축 법치에서 나서는 특수한 문제가 전략적 자주성이다. 전략적 자주성이란 집단 안보 관계에서 전략 주체로서의 지위와 역할을 수행하는 것을 의미한다. 한국은 주요 전투부대에 대하여 전시 작전통제권OPCON을 가지고 있지 않다. (이 장에서는 미국 군사법에 대한 독자의 이해를 돕기 위하여 미군의 군사 용어를

병기한다.) 작전통제권이란 특정한 군사임무를 달성하기 위하여, 지정된 부대를 배치하고 부대에 지시를 내리고 직접 진술을 통제하는 독자적 권한이다. 한국 군사주의의 모순은 작전통제권 이양에 있다.

안보를 온전히 혼자만의 힘으로 해결하는 나라는 없다. 다른 나라와 군사 협력을 통하여 집단안보적으로 안보를 해결한다. 그러나 다른 나라와의 협력하더라도 전략적 차원의 의사결정은 주체적으로 하여야 한다. 이는 한미안보협력체제에서도 마찬가지이다. 강국에 직접 둘러싸인 안보 특수성에서 한국이 전략적 자주성을 확보하지 못하면, 이웃 국가의 요구에 따라 다른 이웃 국가에게 전략적으로 적대국이 될 위험이 있다.

집단안보체제의 상징과도 같은 나토NATO의 회원국은 자국 군대의 작전통제권을 포괄적으로 나토연합사령부에 이양하지 않는다. 회원국는 자신의 군대에 대한 작전통제권을 여전히 보유한다. 특정한 작전이 필요한 경우 자국 군대에서 특정 부대를 파견 배정하여 해당 작전 수행 동안 영역별 나토연합 최고사령관의 작전 통제를 받을 뿐이다. 일본은 미일연합군사령부가 없다. 병렬적이다. 「미일방위협력지침」에서 작전통제권 행사에 협력을 규정한다. 자위대는 주일미군과 연합 훈련을 하지만, 연합 훈련을 계획하고 자위대를 지휘하는 권한은 통합막료장이 가지고 있다. 이를 일본의 「방위 백서」는 "자위대는 작전을 주체적으로 실시한다. 미군은 자위대의 작전을 지원 내지 보완하기 위한 작전을 실시한다"고 기술한다.

한국의 대통령은 헌법 제74조 제1항에 따라 헌법과 법률에 의하여 국군을 통수한다. 국군조직법에 따라, 합동참모의장은 대통령의 군령을 받아 각 군 주요 전투부대에 대한 작전 지휘, 작전 감독 및 합동 작전을 수행한다. 그 작전통제권의 대상이 되는 부대는 대통령령인 「국군조직법 제9조제3항에 따른 전투를 주임무로 하는 각 군의 작전부대 등에 관한 규정」에서 규정했다. 여기에는 육군의 제1군사령부, 육군 제2작전사령부 등, 해군의 해군작전사령부, 해병대사령부 등과 공군의 공군작전사령부 등이 있다.

그러나 국군 합참의장은 헌법과 법률에도 불구하고, 주요 전투부대의 평시의 작전계획, 연합훈련계획, 위기관리 그리고 전시 작전통제권을 행사하지 못한다. 한국은 이를 다음과 같은 명료하지 않는 방식으로 한미연합군사령부 사령관CINCCFC 등에게 위임하였다.

이승만 대통령은 1954년 7월 14일에 미국과 「한국에 대한 군사 및 경제 원조에 관한 대한민국과 미합중국간의 합의의사록」을 체결했다. 이 의사록에서 국군의 작전통제권을 '유엔군사령부' UNC에 이양했다. 의사록의 한국 측 정책사항 2항은 "유엔군사령부가 대한민국의 방위를 위한 책임을 부담하는 동안 대한민국국군을 유엔군사령부의 작전통제 하에 둔다"라고 하였다.

그런데 유엔군사령부는 유엔 기구는 아니다. 유엔 안보리는 1950년 7월 7일의 84호 결의에서, 참전 회원국의 병력을 미국이 지휘하는 연합사령부가 통솔할 수 있도록 회원국에게 권고하였다. 유엔의 한 조직으로 유엔군사령부라는 기구를 창설한 것은 아니다.

유엔군 사령관은 이 책의 부록에 있는 1984년 11월 7일에 작성한 업무편람에서 자신의 임무 하나로 "한국 내의 유엔군 부대 및 한국이 제공하는 한국군 가용 부대에 대한 작전통제권을 행사한다"고 규정하였다. 여기에서 확인할 수 있는 중요한 내용은 유엔군 사령관이 자신을 한국이 제공하는 부대에 대하여 작전통제권을 행사한다고 자임한다는 사실이다.

그런데 이와 달리, 한국과 미국은 1978년에 한미연합군 사령관에게 작전통제권한을 부여하였다. 양국은 그해 7월 27일 두 나라 국방장관 안보협의회SCM에서 「군사위원회MC 및 한미연합군사령부CFC에게 하는 권한위임사항TOR」이라는 문서에 서명하였다. 이 권한 위임을 근거로, 한미 합동참모의장으로 구성하는 군사위원회는 7월 28일, 「한미 전략지시 1호」Strategic Directive No.1를 발령하였다. 여기에서 한미연합군사령부를 창설할 것과 그 사령관에게 한국 방위의 임무를 부여하였다. 그리고 사령관에게 배속되는 부대를 정했다. 사령관이 그 작전통제권을 행사한다고 명시하였다.

그리고 같은 해 10월 17일, 「한미연합군사령부 설치에 관한 교환 각서」를 체결했다. 여기에서 앞에서 본 7월의 권한위임사항 문서는, 한미연합군 사령관이 미군 4성 장군으로서 유엔군 사령관 및 주한미군 사령관을 겸임하는 동안 효력을 갖는 것으로 이해한다고 확인했다. 이와 같은 작전통제권 이양은 동의를 받지 않았다. 국방부 장관 훈령으로 처리하였다.

부록의 업무편람에 의하면, 한미연합군 사령관은 부여된 임무 수행을 위해 모든 연합사 예·배속 부대에 대해 작전통제권을 행사한다.

혼란스럽게도 유엔사 업무편람은 유엔군 후방사령부UNCR를
두어 일본에서 유엔군 사령관을 대표하고 유엔군 사령관의 지
시에 의거, 일본에서 유엔군사령부 업무를 수행하고 필요시 독
립적인 조치 및 유엔군사령부 업무를 수행한다고 하였다. 이 후
방사령부는 일본이 1954년에 유엔사와 체결한 「유엔주둔군지
위협정」SOFA 유지를 담당하는 임무도 가지고 있다. 이 협정은
일본에 일곱 곳의 미군 기지를 유엔군 기지로 지정하여 보급 역
할을 하도록 하였다. 현재 사령관은 호주가, 부사령관은 캐나다
가 맡고 있다. 현재 이들 외에 뉴질랜드, 필리핀, 태국, 터키, 프
랑스, 영국, 미국이 참여하고 있다.

하나인 것 같으면서도 법적으로는 다른, 유엔군 사령관, 한미
연합군 사령관, 유엔군 후방사령부 지휘관이 현실적으로 또는
잠재적으로 한국군 주요 전투부대에 대하여 전시 작전통제권
을 보유한다. 이 복잡한 구조를 부록의 업무편람에서 확인할 수
있다. (참고로 이 편람은 1994년의 정전시기 일부 작전통제권 환수 등
의 변화를 반영하지 못한 옛 판이다. 부록의 편람과 달리 현재 한미연합
군사령부 지상연합군사령부GCC 사령관은 한국군 장성이 담당한다.)

전시작전통제권 행사의 핵심적 주체인 한미연합군 사령관은
어떠한 절차와 방식으로 권한을 행사하는가? 한미합동참모본

부 의장 또는 그 대표로 구성된 군사위원회가 두 나라 군 통수
권자의 지침을 받아 '전략지시'를 합의하고 이를 한미연합군 사
령관에게 하달한다. 사령관은 이를 근거로 작전통제권을 행사
한다. 그러니까 한미연합군 사령관의 작전통제권 행사는 독단
적으로 행사하는 것이 아니며 전략적 통제를 받는다. 그러나 그
에게 하달되는 전략지시는 '한국의 방위 임무를 수행할 것'과
같이 추상적 차원의 것이다. 이 임무를 수행하기 위한 한국군
주요 전투부대에 대한 구체적 작전통제권은 한미연합군 사령
관이 단독으로 행사한다.

평시 작전통제권

한국은 1994년 12월 1일자로, 「대한민국 정부와 미합중국 정부
간의 군사위원회 및 한미연합군사령부 관련 약정의 개정에 관
한 교환각서」를 체결하여 정전시기(평시) 작전통제권을 이양받
았다. 그러나 연합 작전계획, 연합 훈련계획, 연합 위기관리를
포함한 주요 권한이 '연합위임권한'CODA이라는 이름으로 정
전시기 작전통제권 환수에서 제외되었다. 그 결과 평시에도 국
군 주요 전투부대에 대한 연합작전계획, 연합 훈련계획, 연합위
기관리 등 6개 영역은 한미연합군 사령관이 계속 행사하는 중

이다.

'작전계획'OPLAN이란 사령관이 정하는 작전 개시 시간이 도래하면 바로 작전 명령OPORD이 되는 최종적 계획이다. 미군 교리에서 지휘관은 군사행동 계획을 ① 행동경로 → ② 작전개념 → ③ 개념계획 → ④ 작전계획의 네 단계로 발전시킨다. 마지막 네 번째 단계가 완전하고 세부적인 합동 작전인 '작전계획'이다. 작전계획은 사령관의 작전 개시 시간 결정만 남겨 둔 최종 단계이다. 작전계획에는 시간별 전투력 배치 자료도 포함해야 한다. 그리고 작전의 수행에 필요한 특정 군사력, 기능 지원 등을 포함해야 한다. 군사력 투입의 종료에 대한 계획도 포함해야 한다. 이 최종적 단계의 작전계획은 사령관이 작전 개시 시간을 정하면 바로 작전 명령이 되어 바로 실행된다.

여기에는 교전규칙ROE을 포함한 일체의 필수 서류를 첨부해야 한다. 교전규칙이란 살상무기를 지니고 작전에 투입되는 군인이 무기를 사용할 수 있는 조건과 방식과 정도를 미리 정의하는 것이다. 반드시 작전계획에 첨부해야 한다. 해당 작전의 구체적이고 특수한 환경 속에 놓인 군인에게 무기를 사용하는 구체적 기준을 미리 정해야 한다.

국군 합동참모의장이 독자적으로 연합 작전계획을 수립할 수 없다는 것은 각 연합 작전계획에 첨부되는 교전규칙을 스스로 마련하지 못한다는 것을 의미한다. 정전 시에도 「유엔사 정전 시 교전규칙」이 적용된다.

한미연합군 사령관이 작전통제권을 가지고 있는 한국군 전투 부대의 연합 작전계획은 미군 전투사령부의 하나인 미합중국 인도태평양사령부 사령관이 작성한다. 이곳에서 작성하는 작 전계획은 일련번호 '5'로 시작하여 '5000'에서 '5999'까지의 번 호를 갖는다. 북한 급변 사태 발생 시 북한에 대한 조치를 담고 있는 것으로 알려진 '작전계획 5015, OPLAN 5015'도 이곳에 서 작성한다. 그래서 작전계획 일련번호가 5로 시작한다. 세계 전역에 11개가 있는 미군 통합전투사령부의 작전계획은 미 합 동참모의장의 승인을 받아야, 미 국방부 장관의 조정을 거쳐 확 정된다.

국군 합동참모의장은 평시 주요 한국군 전투부대의 작전계획, 연합 훈련계획 및 실시, 연합 위기관리 등 6개 영역의 작전통제 권을 행사하지 못한다. 전시가 되면 군대 편성 등 모든 영역의 작전통제권을 한미연합군 사령관이 행사한다. 노무현 대통령 의 서거 후에 출판된 『운명이다』에서, 노 대통령은 북핵문제 당사자이면서도 "주도적 대응을 할 수 없는 대한민국 정부의 처지에 대해서 깊은 무력감과 분노를 느꼈다"고 썼다.

참여정부는 북한의 1차 핵실험 이후인 2007년, 작전통제권 환수를 위해 필요한 전력, 즉 자위적 국방역량을 갖추는 데 드는 소요와 준비기간을 검토하여 2012년 4월 17일을 환수일로 합의하였다. 이종석 통일부 장관의 『칼날 위의 평화』에 의하면, 이 날짜는 작전통제권을 유엔군 사령관에 이양한 날짜인 1954년의 7월 14일 날짜를 뒤에서부터 읽은 것이다.

북의 핵실험을 이유로 이명박 정부는 2010년, '전략동맹 2015'를 합의하고 작전통제권 환수일을 2015년 12월 1일로 연기했다. 한미연합군사령부는 해체하고 미국 한국군사령부 KORCOM를 창설하여 한국 합동참모의장의 작전통제권 행사를 지원하기로 했다. 그러나 박근혜 정부는 작전통제권 환수를 다시 연기했다. 한국군 주요 전투 부대에 대한 작전통제권을 바로 환수해야 한다. 군축 법치의 일차적 과제이다.

미국 군사주의의 모순

북한의 핵무기 폐기는 가장 중요한 군축 과제이다. 군사주의에서 벗어나 군축을 분명하게 추구해야 한다. 군비증강을 멈추어야 한다. 연간 50조 원이 넘는 군사 예산을 줄여 시민의 삶의 질을 높이고 좋은 일자리를 만드는 데에 사용하여야 한다.

군축은 남북에게 함께 유익하다. 그리고 함께 진행해야 한다. 북한이 핵폐기라는 핵심적 군축 과제를 이행하는 과정에서 한국과 미군도 군축해야 한다. 한국군의 군축은 국방개혁법에 적정 군인 수를 규정하고, 정기적으로 타당성을 평가하는 방식이 필요하다. 작전통제권 환수를 군축의 중요한 계기로 삼아야 한다. 일방적인 군비증강으로 이어져서는 안 된다.

주한미군의 군축도 함께 이루어져야 한다. 이는 미국에게는 군사주의의 모순을 해결하는 과정이다. 미국의 군사주의는 지구적 차원의 미국 주권, 미국 예외주의를 관철하는 핵심 수단이다. 트럼프 미국 대통령은 이용호 외무상이 유엔에서 연설한 날에, 미국과 동맹국을 지키기 위해서 해야 한다면 "북한을 완전히 파괴"하는 수에 없다고 말했다. 세계 평화를 위한 기구인 유엔에서 어느 한 회원국의 대표가 다른 회원국을 상대로 절멸하겠다고 발언한 것이다. 북한에는 2,500만 명의 사람이 살고 있다. 트럼프는 그 한 달 전에도 북한이 미국에 대한 위협을 중단하지 않으면 "세상이 보지 못한" 화염과 분노에 직면할 것이

라고 말했다. 이 말은 미국이 "지구상에 없던" 폐허의 비가 내릴
것이라고 일본에 핵무기 사용을 위협한 말과 닮았다.

미 의회는 1973년의 미 전쟁법을 제정해서, 미국의 군사 행동
에 대한 '공동 결정' 절차를 마련했다. 실제 전투의 개시, 해외
파병, 해외 주둔 미군의 병력 증파 시 대통령은 48시간 이내에
군사 조치 내용과 그 필요성을 의회에 서면 보고하도록 했다.
이 보고로부터 60일 이내에 미 의회가 선전 포고를 하지 않거
나 파병과 증파를 승인하지 않을 경우 자동적으로 대통령은 군
사 조치를 중단해야 한다. 대통령은 미군의 안전 보호를 위하여
불가피한 상황에서는 중단을 30일까지 연장할 수 있다.

세계적 차원의 미국 주권이란 미국이 세계에서 예외를 결정할
수 있는, 무제한의 주권자라는 것이다. 독일 학자 칼 슈미트는
1922년에 쓴 『정치신학』에서 주권자란 예외 상태를 결정하는
자라고 썼다. 이 의미는 법 바깥에서, 법이 예상하지 못했거나
또는 법을 부정하는 예외를 주권자는 결정할 수 있다는 것이다.
법은 정상적 시기에는 유효하다. 그러나 예외 상태에서는 주권
자만이 법질서의 안과 바깥을 자유롭게 오갈 수 있다. 주권자만
이 헌법과 모든 현행 질서를 효력정지시킬 것인지 아닌지를 결
정할 수 있다.

미국은 전지구적 주권자로 행동하려고 한다. 세계적 차원에서 군사력을 이용하여 타국을 압도하려는 전지구적 군사주의를 뒷받침하기 위해 미국은 국제법의 지배를 거부한다. 유엔이 모든 회원국의 만장일치로 채택한 1948년 「고문금지협약」은 문명의 전진이었다. 그러나 미국은 일부 적용 거부 조건을 달아 1994년에 비준했다. 미국 정부가 미국 바깥에서의 외국인에게 한 고문에 대해서는 「고문금지협약」을 적용하지 않는다는 것이다. 미국 군사주의를 뒷받침할 목적이다.

집단학살, 전쟁범죄, 인류애에 반한 범죄자를 소추하고 처벌하는 국제형사재판소가 2002년에 창설되었다. 그러나 부시 미국 대통령은 이 재판소의 창설을 결의한 유엔 「로마규정」에 대한 2000년도의 서명을 철회했다. 미국은 2006년 12월 유엔총회가 결의하여 제안한 「우주무기 반대 우주보호조약」에도 반대하였다.

유엔헌장 51조의 자위권 조항은 "회원국에 무력 공격이 발생했을 때"if an armed attack occurs 라고 요건이 되어 있다. 이때 공격은 진행 중인 공격을 의미하며, 예방적 자위라는 개념은 이 조항에서 허용될 수 없다. 동맹국을 지키는 집단적 자위권 행사의 경우도 마찬가지이다. 동맹국과 상호방위조약을 체결했다는 이유만으로 동맹국에 대한 공격 행위에 대하여 무력을 행사할 수 있는 것은 아니다.

그러나 2006년 부시 정권의 「국가안보전략」NSS에서는 "적의 공격 시간이나 장소에 대해 불확실성이 남아 있더라도 "위협이 클수록, 그리고 대응불가 위험이 클수록 그러한 상황에서는 미국을 방어하기 위한 행동을 더욱 취할 수밖에 없다"고 썼다.

송민순 외교부 장관은 『빙하는 움직인다』에서 북한의 1차 핵실험 원인을 제네바 합의의 붕괴와 「9·19 공동성명」 불이행에서 찾았다. 송 장관이 말한 제네바 합의란 무엇인가? 1994년에, 북한은 핵 발전소 가동을 중단하고, 핵무기 개발을 하지 않으며, 사찰을 받는다고 약속했다. 대신 미국과 한국은 북한에 핵무기 개발 위험이 없는 경수로 원자력 발전소를 지어주고 완공 때까지 매년 50만 톤의 중유를 공급해 주기로 합의하였다.

그러나 부시 미국 대통령은 2002년 연두교서 연설에서 북한을 이라크, 이란과 나란히 '악의 축'으로 규정했다. 선제공격으로 정권을 교체시킬 대상이라고 말했다. 여러 고비를 넘기며 2005년 6자 회담에서 「9·19 공동성명」을 합의하였다. 이것은 제네바 합의와 기본 틀이 다르지 않다. 그러나 미국은 북한이 달러를 위조하였다는 이유로 마카오의 한 은행인 방코델타아시아BDA의 북한 계좌 2,400만 달러를 동결했다. 2006년에 북한이 1차 핵실험을 하자, 북한의 달러 위조 증거를 제시하지 못하고, 2007년에 이 돈을 북한에게 돌려주었다.

주한미군과 한국 법치

한국의 민주주의는 주한미군의 역할을 어떻게 평가할 것인가의 영역에서 작동해야 한다. 주한미군을 한국 법치 바깥에 두어서는 안 된다. 미 국방부는 2005년 「국가방위전략」에서 전통적으로 육해공 전투가 아닌 테러, 비상사태, 내전, 바이오전, 사이버전 등의 새로운 위험을 지적하였다. 그러면서 미군의 전투부대에 대하여 지리적으로 그리고 작전기능에서 유연성을 요구했다. 전 지구적 차원의 위험에 대하여 신속히 대응할 수 있는 안보를 요구했다. 주한미군도 단지 북한의 공격에서 한국을 지키는 목적으로 배치하는 것이 아니라, 다른 지역의 위협에 대해서도 신속히 전장으로 이동할 수 있도록 했다. 이를 미국은 '전략적 유연성'이라는 이름으로 한국에게 요구했다. 주한미군은 단지 북한의 방어에만 사용되는 것이 아니라 한반도 밖의 다른 지역에서의 미국의 안보 이익을 위해서도 투입될 수 있다.

2006년 1월 19일, 반기문 외교부 장관과 라이스 국무부 장관은 매우 중요한 공동성명을 발표했다. 한국은 주한미군의 전략적 유연성의 필요성을 존중한다고 했다. 이에 대해 미국은 한국인의 의지와 다르게 동북아의 지역 분쟁에 관여되어서는 안 된다는 한국의 입장을 존중한다고 했다. 같은 해 한미안보협의회에서 윤광웅 국방부 장관과 럼스펠드 국방부 장관은 북한의 1차 핵실험을 강력히 비난하면서 2012년 3월 15일까지 전시 작전통제권을 국군이 환수하기로 했다. 그리고 주한미군의 전략적 유연성 쟁점에 대하여 한미가 성공적으로 합의한 것을 긍정적으로 인식한다고 발표했다.

주한미군에 대하여 한국 법치를 균형 있게 적용하는 것은 중요하다. 한국의 법치를 주한미군에게 타당하게 적용하고 있는지 재평가하고 개선할 필요가 있다 「대한민국과 아메리카합중국 간의 상호방위조약」은 미국에게 군사기지를 건설하고 무기를 배치할 권리를 주었다. 사드 배치에서 확인하였듯이, 미국의 이 권한 행사가 한국의 전략적 자주성에 우선하지 않도록 하는 것이 한국 법치에 중요하다.

「주한미군지위협정」은 미군이 공무 수행 중 저지른 범죄에 대해서는 그 피해자가 한국민이라고 하더라도 미군이 재판 관할권을 행사하며 아예 한국은 재판권을 행사할 수 없다. 공무 중의 범죄인지 아닌지가 한국 재판권을 미군에게 행사할 수 있는지의 관건이다. 그런데 「주한미군지위협정」은 미군이 '공무증명서'를 발급하여 공무라고 주장할 경우, 미국의 판단에 따르도록 했다(양해사항 5항 다). 이는, 일본과 미국의 「주일미군지위협정」에서는 공무 중인지 아닌지 서로 의견이 다를 경우 일본 법원이 최종 판단하기로 한 것과 다르다.

한국인에게 범죄를 저지른 미군 피의자를 미군 당국이 구금하며, 한국이 그 미군을 기소할 경우, 미군 당국은 범인인 미군을 한국이 구금할 상당한 필요가 있다고 판단하면 한국에 인도한다. 1심 형사 재판에서 미군이 무죄판결을 받을 경우 바로 무죄로 확정되도록 했다.

한국은 1966년에 「대한민국과 아메리카합중국 간의 상호방위조약 제4조에 의한 시설과 구역 및 대한민국에서의 합중국 군대의 지위에 관한 협정」을 체결했다. 이 협정을 맺으면서 「주한미군지위협정 합의의사록」과 「주한미군지위협정과 관련 합의의사록에 관한 양해사항」을 함께 체결했다. 여기에 「환경보호에 관한 특별양해각서」도 체결했다. 이 네 문서가 주한미군 배치의 기본 조약이다. 여기에 이따 따로 살필 「분담금 협정」이 있고, 「개별 토지 공여 약정」PPL 등이 있다.

이 체제에 의해 한국은 미국에게 군사 기지 부지를 공여할 의무를 진다. 미국은 땅을 요구할 권리가 있다. 주둔비는 미군이 부담하도록 조문에 되어 있으나, 이 조항에 대한 특별 조치 협정 SMA을 따로 맺어 미군의 주둔비를 한국이 연 1조 원 정도 분담한다. 미군이 공여한 토지를 사용하지 않거나, 우리 측이 도시 개발에 필요한 경우, 미군 기지 부지 반환을 미국 측에 요청할 수 있다. 대신 양국 간 합의가 있어야 토지를 반환받을 수 있다. 미국에게 평택 기지 토지를 공여하기 위해 체결한 협정은 「연합토지관리계획협정」LPP과 「서울 대도시지역으로부터 미군의 재배치에 관한 협정」YRP이다.

미군이 평택으로 이전하면서 반환하는 34개 기지의 환경오염 문제가 있다. 미국은 앞에서 본 「환경보호에 관한 특별양해각서」에서 오염제거의무 발생 기준으로 정한 '인간 건강에 대한 공지의 급박하고 실질적인 위험'KISE을 초래하는 오염에 이르지 않아 제거할 의무가 없다고 주장한다. 이에 대해 한국은 2001년에 추가된 「소파협정 합의의사록」 3조 2항이 "합중국 정부는 대한민국 정부의 관련 환경법령 및 기준을 존중하는 정책을 확인한다"고 하였으므로 오염을 치유할 의무가 있다고 주장한다.

이처럼 미국에 기지를 공여하면서도 반환받을 경우 오염치유 기준도 명백히 합의하지 않았다. 「주한미군지위협정」에는 반환 시 원상회복할 의무를 지지 않는다고 정했다(4조 1항). 한국과 미국은 「공동환경평가절차」JEAP를 승인하여 운영하고 있다. 이에 따르면, 토지를 받을 측에서 현장조사 및 자료수집을 하며 현장 표본 채취, 실내 실험 및 분석을 수행하여 현장조사보고서를 작성한다. 여기에는 오염 위치, 범위, 오염량, 오염집중도, 관련 분석 결과 및 현장 기록과 인간 건강에 위험을 초래할 수 있고 조치를 요하는 환경 상태를 기술하도록 했다. 최종 검토 및 협의보고서는 주한미군지위협정 합동위원회에서 결정한다.

한국의 민주주의가 군사력을 통제할 때, 군사주의 문제를 바르게 해결할 수 있다. 군축 법치는 신통상의 필수적 구성 요소이다. 작전통제권을 환수하여 한국의 헌법과 국군조직법을 실현하는 것이 군축법치의 첫째 과제이다. 군사주의에 대한 최종적 해결은 남과 북, 그리고 주한미군이 함께 군축하는 것이다. 가보지 않은 길이다. 평화와 번영의 한반도 비핵화를 위해 가지 않으면 안 되는 길이다. 용기있게 가야 한다.

9

한반도 비핵화

문재인 대통령은 2018년 평양 능라도 대중 연설에서 "백두에서 한라까지 아름다운 우리 강산을 영구히 핵무기와 핵 위협이 없는 평화의 터전으로 만들어 후손들에게 물려주자고 확약했습니다"라고 연설하였다. 대통령은 북한의 주권자들에게 직접 한반도 비핵화의 비전을 제시했다.

한반도 비핵화는 남북 신통상의 성공을 넘어 세계사적 의미가 있다. 한국, 미국, 그리고 일본, 중국, 러시아까지를 대상으로 한다. 한반도 비핵화는 점진적이되, 도중에 후퇴하거나 되돌릴 수 없는 일관된 추세로 갈 것이다. 일차 목표는 동결이다. 핵무기와 핵위협 동결을 감독하는 동북아 집단안보체제가 필요하다.

핵동결 집단안보체제에는 당사자인 한국, 북한, 미국, 중국, 러시아, 일본이 참여해야 한다. 동북아 집단안보체제는 동북아의 모든 군사 분쟁을, 현상 동결을 원칙으로 하여 적대 위협을 감

소시켜 갈 것이다. 상호 신뢰를 통하여 북한핵을 폐기하고 미국을 포함한 한반도 비핵회를 딜싱한다.

동북아 집단 안보 체제는 현상 유지에서 출발한다. 동북아의 현행 국경 및 실효적 지배 상태를 인정하며, 이를 변경시키려는 일체의 무력 위협을 동결시킨다. 법치와 인권은 동북아집단안보체제의 한 축이다.

핵무기와 핵위협 동결을 관리하면서 적대정책을 철폐해야 한다. 미국은 북한에 대하여, 북한은 한국과 미국에 대하여, 한국은 북한에 대하여 일체의 적대를 중단해야 한다. 여기에는 대북제재의 실질적 해제도 포함된다. 미국과 중국의 세계적 차원의 패권 경쟁이 동북아 집단안보체제에 영향을 미칠 것이다. 한국의 지정학적 위치에서 한국의 전략적 자주성이 중요하며 작전통제권 환수의 의미가 크다.

한국이 당사자가 되어 주도적으로 정전협정을 대체할 비핵화군축 평화협정을 체결해야 한다. 박영림 교수는 논문 「남북평화협정과 한반도 평화 ― 잠정 초안의 원칙·내용·비전」에서 유엔군 사령관의 서명에 유엔의 일원이었던 한국도 포함되어 있다고 해석하였다. 동의한다. 당시 유엔군의 이름으로 전투를 한 군인들의 다수는 국군이었다. 더욱이 정전협정에 따라 1954년에 시작한 제네바 평화회담에 한국은 당사자로 참여했다. 이 자리에서 북한의 대표 남일 외상은 "쌍방의 군대를 평화상태로 전환시킬 데 대한 문제를 심의하여 조선민주주의인민공화국 정부와 대한민국 정부에 해당한 협정을 체결할 것을 제의하기 위하여 조선민주주의인민공화국과 대한민국 대표들로 위원회를 구성할 것"을 제안했다.

평화협정은 휴전상태의 완전한 종식과 평화의 수립을 규정해야 한다. 정치의 몫이다. 군사주의로는 성취할 수 없다. 한국이 당사자이다. 평화협정을 주도해야 한다.

유엔 핵무기금지조약

한반도 비핵화는 세계적 차원의 핵군축을 포함한다. 앞에서 보았듯이 유엔총회는 2017년 7월 7일 「핵무기금지조약」TPNW을 122개국의 찬성으로 의결했다. 「핵무기확산금지조약」NPT은 미국·러시아·영국·프랑스·중국, 5개 핵무기 보유국에게 핵무기 경쟁 종식을 위한 효과적 조치를 위한 협상 및 일반적이고 완전한 군축 조약 체결 협상을 의무로 부여하였다. 이 조약의 세 가지 기본 원칙은 핵의 평화적 이용, 확산방지, 감축이다.

국제사회는 전쟁법에 반한 무기의 사용을 전면 금지시킨 오랜 역사를 가지고 있다. 가장 대표적으로 생물학 무기를 불법화하여 금지하였다. 1975년 발효한 「생물학무기협정」BWC은 생물학 무기라는 하나의 무기 유형을 전면 금지하는 데에 성공하였다. 여기에는 남한과 북한이 모두 비준 가입했다. 일체의 화학 무기를 금지한 「화학무기협정」CWC은 1997년 발효했다. 북한은 가입하지 않았다. 192개 나라가 가입했다.

「과도한 상해 또는 무차별적 효과를 초래할 수 있는 특정 재래식 무기의 사용금지 및 제한에 관한 협약」CCW도 무기 불법화를 규정했다. 「집속탄 금지 협약」은 한 개의 폭탄 안에 또 다른 소형 폭탄이 들어 있어 연쇄적으로 폭발하는 폭탄인 집속탄을 어떠한 상황에서도 사용하지 못하게 금지했다. 「대인지뢰 사용·보관·생산·양도 금지 협약」도 1999년에 발효되었다. 국제 사회는 「무기급 핵분열물질 생산금지 조약」FMCT을 준비하여 플루토늄, 우라늄 등 보통 핵무기의 원료 물질 생산을 금지하려고 한다.

남과 북은 1992년에 발효한 「한반도 비핵화에 관한 공동선언」 1조에서 "남과 북은 핵무기의 시험, 제조, 생산, 접수, 보유, 저장, 배비, 사용을 하지 아니한다"고 선언하였다. 1975년 유엔총회 결의(3472 B호)는 비핵지대 창설이 핵전쟁 위험을 제거할 가장 효과적인 수단의 하나라고 했다. 현재 「중남미 비핵무기지대조약」, 「남태평양 비핵무기지대조약」, 「아프리카 비핵무기지대조약」, 「중앙아시아 비핵무기지대조약」, 「동남아 비핵무기지대조약」이 있다. 특히 '방콕조약'이라 부르는 「동남아 비핵무기지대조약」은 비핵무기지대에 영토, 영해, 영공 외에 대륙붕과 배타적 경제수역까지 포함하였다.

북미 · 북일 수교

북미 수교는 국제통상의 측면에서 본다면, 상호 무역 정상화이다. 이 과정을 북한과 미국의 양자 무역협정BTA 체결과 북한의 세계무역기구가입 협정으로 뒷받침할 것이다. 북한은 일본과도 수교할 것이다.

중국과 베트남이 세계무역기구에 가입하면서 그랬듯이, 북미 수교 이후의 북한은 미국과 정상교역 관계국이 될 것이다. 이는 북한에게 '최혜국 대우'라는 세계무역기구 기본 원칙을 부여하는 절차이다. 북한을 다른 나라들과 견주어 차별하지 않는 것을 의미한다. 북한산 제품은 미국에게 자유로이, 그리고 통상적인 관세율로 수출될 것이다. 북한은 1951년, 시장국가가 아니라고 분류되는 바람에 정상무역관계를 부인 당했다. 그 결과 미국 관세율표에서 가장 높은 관세율로 분류되어 대미 무역이 불가능하였다. 이러한 족쇄를 푸는 절차가 진행될 것이다.

북미 수교 후의 북미 통상을 베트남의 사례를 참고하여 잘 준비할 필요가 있다. 베트남과 미국은 2001년 12월 양자간 무역협정을 체결하였다. 미국이 베트남에게 정상무역관계를 부여하는 대가로 적지 않게 법 제도의 변경을 요구하였다. 그리고 종래 베트남산 물건에 대한 관세율을 40퍼센트에서 약 3~4퍼센트로 인하하였다.

미국은 베트남에게 국제적으로 승인된 중재 절차에 의한 상사 분쟁 해결 장치를 요구하였다. 그리고 베트남 정부당국의 조치에 대하여 베트남 법원에 제소할 수 있게 행정소송을 요구했다. '남북 신통상'은 북한이 미국과 체결할 통상 협정을 도울 준비를 해야 한다.

북한은 세계무역기구 미가입국이다. 하지만 그 기본 원리와 낯설지 않다. 1997년의 「조선민주주의인민공화국 무역법」에서 상대 국가가 인정하는 경우 최혜국대우 또는 자국인대우를 하도록 하였다. 이 둘은 세계무역기구를 구성하는 양대 원칙이다. 후자는 외국인을 북한 자국인과 비교해서 차별하지 않는 대우를 의미한다.

남북 신통상은 북한이 세계무역질서에서 지위를 확보하고 적극적으로 무역에 나서는 것을 북돋을 것이다. 북한은 세계무역기구 가입을 준비할 필요가 있다. 세계무역기구 회원국이 되면 개발도상국에게 제공하는 여러 특혜와 과도기적 조치를 적용받으면서 세계무역질서에 더 잘 접근할 수 있을 것이다.

남북통상협정

군사주의를 물리치면서 길목에서 북한과 남한은 상품, 서비스, 투자, 금융업, 분쟁해결 등 포괄적이고 전면적인 경제동반자 협정을 체결할 것이다. 전면적이고 전국적인 차원에서의 남북 거래는 개성공단 자회사와 한국 모회사 사이의 내부 거래 수준을 비약적으로 뛰어넘는다. 보통의 국가간 교역과 투자가 광범위

하게 발생할 것이다

이는 남북이 개성공단에서 함께 규범을 마련한 경험을 새로운 단계로 전면화하는 것이다. 보다 안정적이고 체계적으로 전면적 남북 거래를 보장하고 공정한 질서를 유지하는 포괄적 남북 통상협정 규범을 함께 만들 것이다. 보다 밀접하게 통합되는 남북경제를 안정적으로 뒷받침한다.

중국의 경험을 보면, 중국은 세계무역기구에 가입한 후인 2003년, 홍콩 및 마카오와 상품, 서비스, 투자, 그리고 경제 및 기술 협력의 네 분야를 대상으로 하는 경제동반자관계확대협정CEPA을 체결하였다. 그리고 2013년의 제10차 보충협의서 체결에 이르도록 발전시켰다. 중국은 다른 세계무역기구 회원국에게 주는 관세율 및 기업 운영 조건보다 더 유리한 대우를 홍콩과 마카오의 기업에게 제공하였다.

중국은 대만과 2010년에 양안경제합작기본협정ECFA을 체결하였다. 여기에서 무역과 서비스, 투자 자유화와 지식재산권, 은행업, 보험 증권업 진출 등 금융협력, 경제협력과 분쟁해결을 규정하였다.

양측은 2012년에 양안투자보장합의서를 체결하였다. 합의서는 투자자와 투자상대국 정부와의 투자분쟁은 투자상대방 지역의 행정심판 또는 사법절차로 해결하되, 중국과 대만 쌍방의 인원으로 구성하는 양안투자분쟁해결기구의 중재방식을 택할 수 있도록 구성하였다. 투자자의 신변안전 보장에서 만일 문제가 발생할 경우 24시간 내에 가족에게 통보하도록 하였다. 그리고 양측의 사법공조 절차에 따라 양측은 투자자의 신변안전 문제에 관한 소식을 즉시 통보하도록 하였다. 가족 및 변호사 면회 등의 편의를 제공하기로 하였다.

현재 남과 북은 초보적 형태의 통상 협정을 체결한 상태이다. 남과 북은 자신의 국내법과 상호간 협정에 의하여, 상품 거래, 투자자 보호, 분쟁해결 절차 등에 대해서 합의를 했다. 상품 거래에서, 남은 「세계무역기구협정의 이행에 관한 특별법」에서, 북은 「북남경제협력법」에서 남북 사이에 교역되는 물자에 대해 관세를 부과하지 않는다고 규정하였다. 민족 내부간의 거래로 보는 것이다. 이처럼 상품 무역에서 남과 북 사이에는 무관세 자유무역협정이 체결되어 있는 상태이다.

상대방의 국민 재산권을 보호하기 위하여, 남과 북은 2000년에 합의하고 2003년에 조선최고인민회의와 국회가 각각 동의한

「남북 사이의 투자보장에 관한 합의서」에서 자기 지역에 투자한 상대국의 투자자를 서로 보호하기로 하였다.

「남북 사이의 투자보장에 관한 합의서」는 자기 지역 안에 있는 상대방 투자자의 재산권을 제한하지 않는다고 하였다(이 책의 부록 참고). 만일 공공의 목적을 위해 재산권을 제한해야만 하는 경우에는 합법적 절차에 따라 진행하고 신속하고 충분하며 효과적인 보상을 해준다고 하였다. 일반 상업이자율에 기초하여 계산된 이자를 포함한 보상금을 보상받을 자에게 지체 없이 지불한다고 하였다. 북한은 2005년, 중국과 체결한 「조중투자촉진보호협정」에서도 영토 안의 상대방 투자자에게 지속적인 보호와 안전을 제공한다고 하였다.

6장에서 보았듯이, 북한의 행정소송제도의 발전을 도모하면서 남북공동투자보호기구를 만들어 두 나라 정부가 운영하면 된다. 이후 남북공동투자법원에서 투자자 보호 문제를 해결한다. 이는 북한 법치의 발전을 도모하는 데에도 필요하다. 그리고 남북공동투자기금을 조성하여 투자자를 효과적으로 보호한다.

남북 신통상은 현재 양국의 국내법에서 두 나라 사이의 교역을

민족 내부간 거래로 규정한 것을 세계무역기구 등에서 국제규
범화한다. 보통의 나라 사이의 무역이 아니라, 민족 내부의 특
수한 거래임을 국제적으로 확인받는다. '남북 신통상'은 남북통
상의 국제화를 이룰 것이다.

남북통상협정은 그저 상품 무역만을 대상으로 하지 않는다. 의
료 서비스 시장, 특허권 등 북한의 공공 정책과 관련되는 분야
도 협의 대상이다. 북한이 자신의 사회적 가치를 지키면서 국제
사회의 보편적 무역 규범과 조화를 이루는 과제를 해결하는 모
범이 될 것이다.

또한 남북통상협정은 북한이 거점 개발에 필요한 금융을 제공
받을 수 있도록 아시아기반시설투자은행AIIB과 국제통화기금
IMF 가입을 뒷받침한다. 북한이 세계무역기구에 가입하기 위한
협상을 할 때, 한국은 1995년 출범 회원국으로서의 경험과 지
식을 공유하여 다양한 선택지를 제공할 것이다.

번영할 용기

다시 금강산을 방문하고 삼일포 협동농장을 찾아가 관리위원

장과 농장원을 재회하고 싶다. 아마 그분들은 나의 얼굴을 잊었으리라. 그러나 무슨 상관이 있는가? 금방 친해질 것인데.

동해의 삼일포를 출발하여 개성 송도리 협동농장을 방문하고, 개성역에서 철도를 탄다. 사리원, 평양, 신의주를 지나 단동과 베이징을 거쳐 중국횡단철도를 통해 시베리아횡단철도로 이어져 모스크바를 거쳐 베를린에 도착하는 꿈을 꾼다.

사람의 살림살이 요구는 핵무기로도 없앨 수 없을 만큼 길고 강하다. 고난의 시기에 삶의 필요를 시장과 기업소를 통해 해결했고, 난관을 이겨내려는 인민의 의지가 변화를 만들었다.

눈앞에 보이는 핵무기 뒤에 군사주의가 있다. 그러나 군사주의의 모순은 유지될 수 없다. 모두가 미움과 두려움을 내려놓아야 한다. 다양성을 수용하는 것이 자주이다. 분별력으로 군사주의를 극복할 수 있다. 한반도 비핵화를 성취할 수 있다.

개성에 인구 100만의 신도시를 남북이 함께 만들 수 있다. 북한 전역의 경제개발구에서 도시 시장과 농촌이 함께 발전할 수 있다. 한국은 아시아 법치 모범국가의 정체성을 가질 것이다. 1919년의 「대한민국임시헌장」이 제시한 열 개의 기본적 인권,

종교, 언론, 저작, 출판, 결사, 집회, 통신, 주소 이전, 신체 및 소유의 자유를 한반도에서 누구나 누릴 수 있을 것이다.

지금 우리에게 가장 필요한 것은 번영할 용기이다. 실리를 추구하는 사람들을 신뢰하는 용기이다.

감사의 말씀

이 책은 북한에서 일한 동시대인들의 도움을 받았다. 금강산 삼일포 협동농장, 개성 송도리 협동농장에서 농장원들의 신뢰를 얻어 성과를 낸 통일농수산사업단과 10년 가까이 개성공단에서 상주하며 북한의 변화와 함께한 개성공단관리위원회 관계자들은 경험에서 나오는 식견을 직접 주었다. 이분들에게 이 책의 기본 관점을 세우는 데 큰 도움을 받았고 책의 많은 내용을 빚졌다.

통일농수산사업단의 황민영, 이우재, 이길재, 이상무, 허상만 역대 대표, 이병호, 김덕수, 이태헌, 김원일, 장경호 역대 사무총장, 김준영 수의사, 개성공단 관리위원회의 김동근 초대 이사장, 김광길 법무팀장, 사단법인 개성공단기업협회 정기섭, 신한용 회장, 김서진 박사를 비롯한 많은 분들의 도움이 컸다.

146

또한 고 김대중 대통령, 고 노무현 대통령, 문재인 대통령의 저서에서 외교통상안보의 최고 책임자로서의 깊은 고민과 용기를 배웠다. 임동원, 정세현, 이종석 전 통일부 장관, 김연철 통일부 장관, 송민순 전 외교부 장관, 박철언 전 의원의 저서와 논문 등에서도 매우 유익한 시각을 얻었다. 시사인 이종태 기자가 쓴 『햇볕 장마당 법치』는 특별히 이 책을 위하여 여러 가지 내용과 관점을 제공하였다. 장명봉 교수의 북한법 연구회가 편 『북한법령집』시리즈도 연구에 많은 도움이 되었다.

많은 사람들이 평화와 번영을 위해 앞서 걸었다. 지금도 보이지 않는 곳에서 묵묵히 땀 흘리며 걷고 있는 중이다. 이름 없이 평화를 위해 애쓰는 분들께 감사드린다.

참고 문헌

북한

김일성종합대학출판사, 『라진선봉 투자환경 — 투자 무역 봉사 특혜제도』,
    1995.

조선경제개발협회, 『조선민주주의인민공화국 주요 경제지대들』, 외국문출판
    사, 2018.

『조선민주주의인민공화국 법규집(대외경제부문)』, 법률출판사, 2014.

『조선민주주의인민공화국 법전(대중용)』, 법률출판사, 2004.

조선인권연구협회, 『조선인권보고』, 2014.

한국

경남대학교 극동문제연구소, 『개성공업지구 법제의 진화와 미래』, 2012.

김대중, 『김대중 자서전』, 삼인, 2011.

김연철, 『70년의 대화 — 새로 읽는 남북관계사』, 창비, 2018.

김종대, 『시크릿 파일 서해전쟁』, 메디치, 2013.

노무현재단, 『운명이다 — 노무현 자서전』, 돌베개, 2010.

대한변호사협회, 『2014 북한인권백서』, 2014.

문재인, 『문재인의 운명』, 가교출판, 2011.

박철언, 『바른 역사를 위한 증언』, 랜덤하우스, 2005.

백선엽, 『군과 나』, 시대정신, 2009.

북한법연구회, 『2015 최신 북한법령집』, 2015.

송민순, 『빙하는 움직인다』, 창비, 2016.

이명박, 『대통령의 시간 2008-2013』, RHK, 2015.

이종석·최은주, 『제재속의 북한경제, 밀어서 잠금해제』, 세종연구소, 2019.

이종석, 『칼날 위의 평화 ─ 노무현 시대 통일외교안보 비망록』, 개마고원, 2014.

이종태, 『햇볕, 장마당, 법치 ─ 북한을 바꾸는 법』, 개마고원, 2017.

임동원, 『피스메이커』, 창비, 2015.

정세현, 『정세현의 통일토크 ─ 남북관계 현장 30년: 이론과 실제』, 서해문집, 2013.

조봉현, 「남북경협의 경제적 효과와 정책적 이슈」, 2019 경제학 공동학술대회, 2019.

영문

UN Human Rights Council, *Reports of the detailed findings of the commission of inquiry on human rights in the Democratic People's Republic of Korea*, 2014.

남북 사이의 화해와 불가침 및
교류·협력에 관한 합의서

1992년 2월 19일 발효

남과 북은 분단된 조국의 평화적 통일을 염원하는 온 겨레의 뜻에 따라, 7·4 남북공동성명에서 천명된 조국통일 3대원칙을 재확인하고, 정치 군사적 대결상태를 해소하여 민족적 화해를 이룩하고, 무력에 의한 침략과 충돌을 막고 긴장 완화와 평화를 보장하며, 다각적인 교류·협력을 실현하여 민족공동의 이익과 번영을 도모하며, 쌍방 사이의 관계가 나라와 나라 사이의 관계가 아닌 통일을 지향하는 과정에서 잠정적으로 형성되는 특수관계라는 것을 인정하고, 평화 통일을 성취하기 위한 공동의 노력을 경주할 것을 다짐하면서, 다음과 같이 합의하였다.

제1장 남북화해

제1조 남과 북은 서로 상대방의 체제를 인정하고 존중한다.

제2조 남과 북은 상대방의 내부문제에 간섭하지 아니한다.

제3조 남과 북은 상대방에 대한 비방·중상을 하지 아니한다.

제4조 남과 북은 상대방을 파괴·전복하려는 일체 행위를 하지 아니한다.

제5조 남과 북은 현 정전상태를 남북 사이의 공고한 평화상태로 전환시키기 위하여 공동으로 노력하며 이러한 평화상태가 이룩될 때까지 현 군사정전협정을 준수한다.

제6조 남과 북은 국제무대에서 대결과 경쟁을 중지하고 서로 협력하며 민족의 존엄과 이익을 위하여 공동으로 노력한다.

제7조 남과 북은 서로의 긴밀한 연락과 협의를 위하여 이 합의서 발효 후 3개월 안에 판문점에 남북연락사무소를 설치·운영한다.

제8조 남과 북은 이 합의서 발효 후 1개월 안에 본회담 테두리 안에서 남북정치분과위원회를 구성하여 남북화해에 관한 합의의 이행과 준수를 위한 구체적 대책을 합의한다.

제2장 남북불가침

제9조 남과 북은 상대방에 대하여 무력을 사용하지 않으며 상대방을
　　무력으로 침략하지 아니한다.

제10조 남과 북은 의견대립과 분쟁문제들을 대화와 협상을 통하여
　　평화적으로 해결한다.

제11조 남과 북의 불가침 경계선과 구역은 1953년 7월 27일자 군사
　　정전에 관한 협정에 규정된 군사분계선과 지금까지 쌍방이 관할
　　하여 온 구역으로 한다.

제12조 남과 북은 불가침의 이행과 보장을 위하여 이 합의서 발효 후
　　3개월 안에 남북 군사 공동위원회를 구성·운영한다. 남북군사공동
　　위원회에서는 대규모 부대이동과 군사연습의 통보 및 통제문제,
　　비무장지대의 평화적 이용문제, 군인사 교류 및 정보교환 문제, 대
　　량살상무기와 공격능력의 제거를 비롯한 단계적 군축 실현문제,
　　검증문제 등 군사적 신뢰 조성과 군축을 실현하기 위한 문제를 협
　　의·추진한다.

제13조 남과 북은 우발적인 무력충돌과 그 확대를 방지하기 위하여
　　쌍방 군사당국자 사이에 직통전화를 설치·운영한다.

제14조 남과 북은 이 합의서 발효 후 1개월 안에 본회담 테두리 안에
　　서 남북군사분과위원회를 구성하여 불가침에 관한 합의의 이행

과 준수 및 군사적 대결상태를 해소하기 위한 구체적 대책을 협의한다.

제3장 남북교류·협력

제15조 남과 북은 민족경제의 통일적이며 균형적인 발전과 민족 전체의 복리향상을 도모하기 위하여 자원의 공동개발, 민족 내부 교류로서의 물자교류, 합작투자 등 경제교류와 협력을 실시한다.

제16조 남과 북은 과학·기술, 교육, 문화·예술, 보건, 체육, 환경과 신문, 라디오, 텔레비전 및 출판물을 비롯한 출판·보도 등 여러 분야에서 교류와 협력을 실시한다.

제17조 남과 북은 민족구성원들의 자유로운 왕래와 접촉을 실현한다.

제18조 남과 북은 흩어진 가족·친척들의 자유로운 서신거래와 왕래와 상봉 및 방문을 실시하고 자유의사에 의한 재결합을 실현하며, 기타 인도적으로 해결할 문제에 대한 대책을 강구한다.

제19조 남과 북은 끊어진 철도와 도로를 연결하고 해로, 항로를 개설한다.

제20조 남과 북은 우편과 전기통신교류에 필요한 시설을 설치·연결하며, 우편·전기통신 교류의 비밀을 보장한다.

제21조 남과 북은 국제무대에서 경제와 문화 등 여러 분야에서 서로 협력하며 대외에 공동으로 진출한다.

제22조 남과 북은 경제와 문화 등 각 분야의 교류와 협력을 실현하기 위한 합의의 이행을 위하여 이 합의서 발효 후 3개월 안에 남북 경제교류·협력공동위원회를 비롯한 부문별 공동위원회들을 구성·운영한다.

제23조 남과 북은 이 합의서 발효 후 1개월 안에 본회담 테두리 안에서 남북 교류·협력분과위원회를 구성하여 남북교류·협력에 관한 합의의 이행과 준수를 위한 구체적 대책을 협의한다.

제4장 수정 및 발효

제24조 이 합의서는 쌍방의 합의에 의하여 수정·보충할 수 있다.

제25조 이 합의서는 남과 북이 각기 발효에 필요한 절차를 거쳐 그 문본을 서로 교환한 날부터 효력을 발생한다.

1991년 12월 13일

남북 고위급 회담 남측 대표단 수석대표 대한민국 국무총리 정원식

북남 고위급 회담 북측 대표단 단장 조선민주주의인민공화국 정무원

  총리 연형묵

남북 사이의 투자보장에 관한 합의서

남과 북은 2000년 6월 15일에 발표된 역사적인 「남북공동선언」에 따라 진행되는 경제교류와 협력이 나라와 나라사이가 아닌 민족내부의 거래임을 확인하고 상대방 투자자의 투자자산을 보호하고 투자에 유리한 조건을 마련하기 위하여 다음과 같이 합의한다.

제1조 정의

1. "투자자산"이란 남과 북의 투자자가 상대방의 법령에 따라 그 지역에 투자한 모든 종류의 자산을 의미하며 여기에는 다음과 같은 것이 속한다.

　가. 동산, 부동산과 그와 관련된 재산권

나. 재투자된 수익금, 대부금을 비롯한 화폐재산과 경제적가치를 가지는 청구권

다. 저작권, 상표권, 특허권, 의장권, 기술비결을 비롯한 지적재산권과 이와 유사한 권리

라. 지분, 주식, 회사채, 국공채 등과 같은 회사 또는 공공기관에 대한 권리

마. 천연자원의 탐사, 채취 또는 개발을 위한 허가를 비롯하여 법령이나 계약에 따라 부여되는 경제적 가치를 가지는 사업권

바. 이 밖에 투자자가 투자한 모든 자산

투자 또는 재투자된 자산의 형태상 변화는 투자를 받아들인 일 방의 법령에 저촉되지 않는 한 투자자산으로 인정한다.

2. "투자자"란 일방의 지역에 투자하는 상대방의 법인 또는 개인을 의미하며 여기에는 다음과 같은 것이 속한다.

가. 일방의 법령에 따라 설립되고 경제활동을 진행하는 회사, 협회, 단체 같은 법인

나. 일방에 적을 두고 있는 자연인

3. "수익금"이란 이윤, 이자, 재산양도소득, 배당금, 저작권 또는 기술사용료, 수수료 등과 같이 투자의 결과로 생기는 금액을 의미한다.

4. "기업활동"이란 투자재산과 수익금의 관리, 기업의 청산 등을 포함한 활동을 의미한다.

5. "지역"이란 남과 북이 관할하고 있는 지역을 의미한다.

6. "자유태환성 통화"란 국제거래를 위한 지급수단으로 널리 사용되며 주요 국제외환시장에서 널리 거래되는 통화를 의미한다.

제2조 허가 및 보호

1. 남과 북은 자기 지역 안에서 상대방 투자자의 투자에 유리한 조건을 조성하고 각자의 법령에 따라 투자를 허가한다.

   이 경우 투자의 실현, 기업활동을 목적으로 하는 인원들의 출입, 체류, 이동 등과 관련한 문제를 호의적으로 처리한다.

2. 남과 북은 자기 지역 안에서 법령에 따라 상대방 투자자의 투자자산을 보호한다.

3. 남과 북은 법령이 정한 바에 따라 투자를 승인한 경우 투자승인을 거친 계약과 정관에 의한 상대방 투자자의 자유로운 경영활동을 보장한다.

제3조 대우

1. 남과 북은 자기 지역 안에서 상대방 투자자와 그의 투자자산, 수익금, 기업활동에 대하여 다른 나라 투자자에게 주는 것과 같거나 더

유리한 대우를 준다.

2. 남과 북은 관세동맹, 경제동맹, 공동시장과 관련한 협정, 지역 및 준지역적 협정, 2중과세방지협정에 따라 다른 나라 투자자에게 제공하는 대우나 특전, 특혜를 상대방 투자자에게 줄 의무는 지니지 않는다.

제4조 수용 및 보상

1. 남과 북은 자기 지역 안에 있는 상대방 투자자의 투자자산을 국유화 또는 수용하거나 재산권을 제한하지 않으며 그와 같은 효과를 가지는 조치(이하 "수용"이라고 한다)를 취하지 않는다. 그러나 공공의 목적으로부터 자기측 투자자나 다른 나라 투자자와 차별하지 않는 조건에서 합법적 절차에 따라 상대방 투자자의 투자자산에 대하여 이러한 조치를 취할 수 있다. 이 경우 신속하고 충분하며 효과적인 보상을 해준다.

2. 남과 북은 수용조치를 취한 날부터 지급일까지의 일반 상업이자율에 기초하여 계산된 이자를 포함한 보상금을 보상받을 자에게 지체없이 지불한다.

보상금의 크기는 수용과 관련한 결정이 공포되기 직전 투자자산의 국제시장가치와 같다.

3. 남과 북은 무력충돌 등 비정상적인 사태로 상대방 투자자의 재산이 손실을 입게 되는 경우 그 손실에 대하여 원상회복 또는 보상함에 있어서 자기측 투자자나 다른 나라 투자자에 대한 것보다 불리하지 않게 대우한다.

제5조 송금

1. 남과 북은 상대방 투자자의 투자와 관련되는 다음과 같은 자금이 자유태환성통화로 자기 지역 안이나 밖으로 자유롭고 지체 없이 이전되는 것을 보장한다.

   가. 초기 투자자금과 투자기업의 유지, 확대에 필요한 추가자금

   나. 이윤, 이자, 배당금을 비롯한 투자의 결과로 생긴 소득

   다. 대부상환금과 그 이자

   라. 투자자산의 양도나 청산을 통한 소득

   마. 투자와 관련하여 일방지역의 기업에 채용된 상대방 인원들이 받은 임금과 기타 합법적 소득

   바. 제4조, 제7조 제1항에 따르는 보상금

   사. 제6조에 따라 어느 일방 또는 그가 지정한 기관에 지급되는 자금

   아. 이 밖에 투자와 관련된 자금

2. 송금시의 환율은 투자가 이루어진 일방의 외환시장에서 당일에 적
   용되는 시세에 따른다.

3. 송금은 투자가 이루어진 지역에 있는 일방의 당국이 정한 절차에
   따른다. 이 경우 제1항과 제2항에 규정된 권리를 침해하지 않는다.

제6조 대위

일방 혹은 그가 지정한 기관이 투자와 관련하여 자기측 투자자에게
제공한 비상업적위험에 대한 재정적 담보에 따라 해당한 보상을 한
경우 상대방은 일방 혹은 그가 지정한 기관이 투자자의 손해배상청
구권을 포함한 권리를 넘겨받아 행사하며 그 권리의 범위 내에서 세
금납부의무를 비롯한 투자와 관련된 의무를 진다는 것을 인정한다.

제7조 분쟁해결

1. 이 합의서에 의해 부여된 권리의 침해로 상대방 투자자와 일방 사
   이에 발생되는 분쟁은 당사자 사이에 협의의 방법으로 해결한다.
   분쟁이 협의의 방법으로 해결되지 않을 경우에는 투자자는 남과
   북의 합의에 의하여 구성되는 남북상사중재위원회에 제기하여 해
   결한다.

남과 북의 당국은 투자자가 분쟁을 중재의 방법으로 해결하는 것에 대하여 동의한다.

2. 남북 당국 사이에 합의서의 해석 및 적용과 관련하여 생기는 분쟁은 남북장관급회담 또는 그가 정하는 기관에서 협의·해결한다.

제8조 다른 법, 협정 및 계약과의 관계

투자와 관련하여 이 합의서보다 더 유리한 대우를 규정한 조항이 포함되어 있는 일방의 법령이나 남과 북이 당사자로 되는 국제협정 또는 일방과 투자자 사이에 맺은 계약은 그 법령, 협정 및 계약에서 유리하게 규정된 조항에 한하여 이 합의서보다 우위에 놓인다.

제9조 정보제공

1. 남과 북은 투자와 관련하여 제정 또는 수정·보충되는 법령을 상호 제공한다.

2. 남과 북은 투자자료와 관련하여 일방의 요청이 있을 경우 그것을 지체 없이 제공한다.

제10조 적용범위

합의서는 효력발생 이전 혹은 이후에 쌍방의 투자자들이 상대방 지역에 한 모든 투자에 적용한다.

그러나 합의서의 발효 이전에 생긴 분쟁에는 적용하지 아니한다.

제11조 수정 및 보충

남과 북은 필요한 경우 협의하여 합의서의 조항을 수정·보충할 수 있다. 수정보충되는 조항은 제12조 제1항과 같은 절차를 거쳐 효력을 발생한다.

제12조 효력발생 및 폐기

1. 합의서는 남과 북이 서명하고 각기 발효에 필요한 절차를 거쳐 그 문본을 교환한 날로부터 효력을 발생한다.

2. 합의서는 일방이 상대방에게 폐기 의사를 서면으로 통지하지 않는 한 계속 효력을 가진다. 폐기통지는 통지한 날부터 6개월 후에 효력을 발생한다.

3. 합의서의 효력기간 안에 투자된 자산은 이 합의서의 효력이 없어진 날부터 10년간 제1조부터 제8조에 규정된 보호와 대우를 받

는다.

이 합의서는 2000년   월   일 각각 2부 작성되었으며 두 원본은 같은
효력을 가진다.

남측을 대표하여 남북장관급회담 남측대표단 수석대표
대한민국 통일부장관 박재규

북측을 대표하여 북남상급회담 북측대표단 단장
조선민주주의인민공화국 내각책임참사 전금진

「남북관계 발전과 평화번영을 위한 선언」 이행에 관한 제1차 남북총리회담 합의서

2007년 10월 평양에서 진행된 역사적인 남북정상회담에서 채택된 「남북관계 발전과 평화번영을 위한 선언」에 따라 그 이행을 위한 제1차 남북총리회담이 11월 14일부터 16일까지 서울에서 진행되었다.

남과 북은 「남북관계 발전과 평화번영을 위한 선언」이 남북관계를 보다 높은 단계로 발전시키며 한반도 평화와 민족공동의 번영과 통일을 실현하기 위한 새로운 국면을 열어나가는 데서 중대한 의의를 가진다는 데 인식을 같이하고 이를 성실히 이행하기 위해 다음과 같이 합의하였다.

제1조 남과 북은 6·15공동선언의 우리민족끼리 정신에 따라 남북관계를 상호 존중과 신뢰의 관계로 확고히 전환시키며 통일지향적으로 발전시켜 나가기 위한 조치들을 적극 취해나가기로 하였다.

① 남과 북은 매년 6월 15일을 화해와 평화번영, 통일의 시대를 열어나가는 민족공동의 기념일로 하기 위해 각기 내부절차를 거쳐 필요한 조치를 취하기로 하였다.

② 남과 북은 내년 6·15공동선언 발표 8주년 기념 남북공동행사를 당국과 민간의 참가하에 서울에서 진행하기로 하였다.

③ 남과 북은 남북관계를 통일지향적으로 발전시켜 나가기 위하여 각기 법률·제도적 장치들을 정비해 나가는 문제 등을 협의해 나가기로 하였다.

④ 남과 북은 양측 의회를 비롯한 각 분야의 대화와 접촉을 활성화해 나가며 쌍방 당국은 남북국회회담을 적극 지원하기로 하였다.

제2조 남과 북은 서해지역의 평화와 공동의 이익을 위하여 「서해평화협력특별지대」를 설치하기로 하였다.

① 남과 북은 서해상에서 공동어로 및 민간선박의 운항과 해상수송을 보장하기 위하여 서해상의 일정한 수역을 평화수역으로 지정하고 관리해 나가기로 하였다.

② 남과 북은 평화수역과 공동어로구역의 대상지역과 범위를 호혜의 정신에 따라 별도로 협의하여 확정하고 2008년 상반기안으로 공동어로사업에 착수하기로 하였다.

③ 남과 북은 공동어로구역의 효율적 운영과 수산분야에서의 협력문제를 12월중 「서해평화협력특별지대추진위원회」 산하의 분과위원회를 통해 협의 해결하기로 하였다.

④ 남과 북은 해주지역에 「경제협력특별구역」(해주경제특구)을 건설하고 개성공단과의 연계를 통해 점차 발전시켜 나가기로 하였다.

⑤ 남과 북은 「해주경제특구」 건설에 따른 해상물동량의 원활한 처리를 위해 해주항을 민족공동의 이익에 부합되게 활용하기로 하였다.

⑥ 남과 북은 「해주경제특구」와 해주항 개발을 위한 실무접촉과 현지조사를 금년중에 실시하며 2008년안으로 구체적인 사업계획을 협의 확정하기로 하였다.

⑦ 남과 북은 한강하구에서 2008년안으로 골재채취사업에 착수하기로 하고 빠른 시일안에 실무접촉과 현지공동조사를 실시하기로 하였다.

⑧ 남과 북은 민간선박의 해주직항로 이용과 관련한 항로대 설정, 통항절차 등의 문제를 12월중에 「남북경제협력공동위원회」 산하

의 「남북 조선 및 해운협력분과위원회」를 개최하여 협의 해결하기로 하였다.

⑨ 남과 북은 「해주경제특구」 건설에 따라 이 지역에 대한 출입, 체류, 통신, 통관, 검역, 자금유통 등 법률·제도적 장치를 마련하는 문제를 협의해 나가기로 하였다.

⑩ 남과 북은 장관급을 위원장으로 하는 「서해평화협력특별지대추진위원회」를 구성하기로 하고 「서해평화협력특별지대추진위원회 구성·운영에 관한 합의서」를 채택하였다.

남과 북은 「서해평화협력특별지대추진위원회」 제1차 회의를 12월중 개성에서 개최하기로 하였다.

제3조 남과 북은 민족경제의 균형적 발전과 공동번영을 위한 경제협력을 적극 추진하기로 하였다.

1) 도로 및 철도분야 협력

① 남과 북은 경의선 도로와 철도의 공동이용과 물류유통의 활성화를 위해 2008년부터 개성-평양 고속도로와 개성-신의주 철도 개보수에 착수하기로 하고, 이를 위한 현지조사를 금년중에 실시하기로 하였다.

② 남과 북은 개성-평양 고속도로 개보수를 위한 실무접촉을 11월 28일부터 29일까지, 개성-신의주 철도 개보수를 위한 실무접촉을 11월 20일부터 21일까지 개성에서 진행하기로 하였다.

③ 남과 북은 2008년 베이징올림픽경기대회 남북 응원단의 경의선 열차 이용을 위한 철길보수를 진행하기로 하였다.

④ 남과 북은 개성-평양 고속도로, 개성-신의주 철도의 개보수와 공동이용에 필요한 설계, 설비, 자재, 인력 등을 적기에 보장하기로 하였다.

⑤ 남과 북은 「남북경제협력공동위원회」 산하에 「남북도로협력분과위원회」와 「남북철도협력분과위원회」를 구성하기로 하였다.

2) 조선협력단지 건설

① 남과 북은 안변지역에 선박블록공장 건설을 2008년 상반기 안에 착수하며 단계적으로 선박건조능력을 확대하기로 하였다.

② 남과 북은 남포의 영남배수리공장에 대한 설비현대화와 기술협력사업, 선박블록공장 건설 등을 가까운 시일안에 적극 추진하기로 하였다.

③ 남과 북은 안변과 남포지역에 대한 제2차 현지조사를 12월중에 실시하기로 하였다.

④ 남과 북은 조선협력단지 건설에 따라 안변과 남포지역에 대한

출입, 체류, 통신, 통관, 검역, 자금유통 등 법률·제도적 장치를 마련하는 문제를 협의 해결하기로 하였다.

⑤ 남과 북은 「남북경제협력공동위원회」 산하에 「남북 조선 및 해운협력분과위원회」를 구성·운영하며 제1차 회의를 12월중에 부산에서 개최하여 조선협력단지 건설과 운영을 위한 구체적인 협의를 진행하기로 하였다.

3) 개성공단 건설

① 남과 북은 개성공단 활성화를 위해 1단계 건설을 빠른 시일 안에 완공하고 2단계 개발에 필요한 측량·지질조사를 금년 12월중에 진행하며 2008년 안에 2단계 건설에 착수하기로 하였다.

② 남과 북은 개성공단 1단계 사업의 활성화를 위해 필요한 근로인력을 적기에 보장하고 근로자들의 숙소건설 등에 협력해 나가기로 하였다.

③ 남과 북은 개성공단 근로자들의 출퇴근을 위한 도로 건설 및 열차운행 문제를 협의 추진해 나가기로 하였다.

④ 남과 북은 금년 12월 11일부터 문산-봉동간 철도화물 수송을 시작하며, 이를 위한 판문역 임시 컨테이너 야적장과 화물작업장 건설, 신호·통신·전력체계 및 철도연결구간 마감공사를 조속히 추진하기로 하였다.

⑤ 남과 북은 문산-봉동간 화물열차운행을 위해 11월 20일부터 21일까지 개성에서 남북철도실무접촉을 개최하고「남북사이의 열차운행에 관한 기본합의서의 부속서」를 채택하며, 남북철도운영공동위원회 제1차 회의를 12월 초에 개성에서 진행하기로 하였다.

⑥ 남과 북은 남측 인원들과 차량들이 07시부터 22시까지 개성공단에 편리하게 출입할 수 있도록 금년내에 통행절차를 개선하고, 2008년부터 인터넷, 유·무선전화 서비스를 시작하기 위한 1만회선 능력의 통신센터를 금년내에 착공하며, 통관사업의 신속성과 과학성을 보장하기 위한 물자하차장 건설 등을 추진하는 문제를 협의해 나가기로 하였다.

⑦ 남과 북은 개성공단 건설을 적극 추진하며, 통행·통신·통관 문제와 관련한 합의사항을 이행하기 위해 개성공단건설 실무접촉을 12월초에 개성에서 진행하기로 하였다.

⑧ 남과 북은 남북경제협력공동위원회 산하에 개성공단협력분과위원회를 구성·운영하기로 하였다.

4) 자원개발, 농업, 보건의료 등 분야별 협력

① 남과 북은 이미 합의한 단천지구광산 투자 등 지하자원개발협력과 관련하여 제3차 현지조사를 12월중에 진행하며 2008년 상반기안으로 구체적인 사업계획을 협의 확정하기로 하였다.

② 남과 북은 이미 합의한 농업분야의 협력사업들을 구체적으로 이행하며 종사생산 및 가공시설, 유전자원 저장고건설 등을 금년 중에 착수하기로 하였다.

③ 남과 북은 병원, 의료기구, 제약공장 현대화 및 건설, 원료지원 등을 추진하고 전염병 통제와 한의학 발전을 위해 적극 협력하기로 하였다.

④ 남과 북은 쌍방이 관심하는 수역에서의 수산물생산과 가공, 유통 등을 위해 서로 협력하기로 하였다.

⑤ 남과 북은 산림녹화 및 병해충방제, 환경오염방지를 위한 협력사업을 추진하기로 하였다.

⑥ 남과 북은 지하자원개발, 농업, 보건의료, 수산, 환경보호 분야의 협력을 위해 「남북경제협력공동위원회」 산하에 분과위원회들을 구성·운영하기로 하였다.

5) 「남북경제협력공동위원회」 구성·운영

① 남과 북은 경제협력사업의 원활한 추진을 위해 남북총리회담 산하에 부총리급을 위원장으로 하는 「남북경제협력공동위원회」를 구성하기로 하고 「남북경제협력공동위원회 구성·운영에 관한 합의서」를 채택하였다.

② 남과 북은 「남북경제협력공동위원회」 제1차 회의를 12월 4일

부터 6일까지 서울에서 개최하기로 하였다.

제4조 남과 북은 역사, 언어, 교육, 문화예술, 과학기술, 체육 등 사회
　문화분야의 교류와 협력을 발전시키기 위한 조치를 취하기로 하
　였다.

　① 남과 북은 장관급을 위원장으로 하는 「남북사회문화협력추진
　위원회」를 구성하기로 하고 역사유적과 사료발굴 및 보존, 『겨레
　말큰사전』 공동편찬, 교육기자재와 학교시설 현대화, 공동문화행
　사, 과학기술인력양성, 과학기술협력센터 건설, 기상정보교환 및
　관측장비 지원, 2008년 베이징올림픽경기대회 공동응원을 비롯한
　사회문화협력사업들을 협의 추진하기로 하였다.

　② 남과 북은 백두산과 개성관광사업이 원만히 진행될 수 있도록
　적극 협력하며 서울-백두산 직항로 개설을 위한 실무접촉을 12월
　초에 개성에서 진행하기로 하였다.

　③ 남과 북은 2008년 베이징올림픽경기대회에 남북응원단이 경의
　선 열차를 이용하여 참가하는 문제와 관련한 실무접촉을 12월중
　에 진행하기로 하였다.

　④ 남과 북은 「남북사회문화협력추진위원회」를 2008년 상반기중
　에 개최하고, 기상정보교환과 관측장비지원 등 기상협력을 위한

실무접촉을 금년 12월중에 진행하기로 하였다.

제5조 남과 북은 민족의 화해와 단합을 도모하는 견지에서 인도주의
분야의 협력사업을 적극 추진하기로 하였다.

① 남과 북은 12월 7일 금강산면회소의 쌍방 사무소 준공식을 진
행하며 2008년 새해를 맞으며 흩어진 가족과 친척들의 영상편지
를 시범적으로 교환하기로 하였다.

② 남과 북은 11월 28일부터 30일까지 금강산에서 제9차 남북적
십자회담을 개최하고 흩어진 가족과 친척들의 상봉확대 및 상시
상봉, 쌍방 대표들의 금강산면회소 상주, 전쟁시기와 그 이후 소식
을 알 수 없게 된 사람들의 문제 등을 협의하기로 하였다.

제6조 남과 북은 자연재해가 발생하는 경우 상호 통보 및 피해확대
방지를 위한 조치를 신속히 취하며 동포애와 상부상조의 원칙에
서 피해복구 등에 적극 협력하기로 하였다.

제7조 남과 북은 남북총리회담을 6개월에 1회 진행하며, 제2차 회담

을 2008년 상반기에 평양에서 개최하기로 하였다.

제8조 수정 및 발효

① 이 합의서는 쌍방의 합의에 의해 수정·보충할 수 있다.

② 이 합의서는 남과 북이 각기 발효에 필요한 절차를 거쳐 문본을
교환한 날부터 효력을 발생한다.

2007년 11월 16일

남북총리회담 남측 수석대표 대한민국 국무총리 한덕수

북남총리회담 북측 단장 조선민주주의인민공화국 내각총리 김영일

한반도의 평화와 번영, 통일을 위한 판문점 선언

대한민국 문재인 대통령과 조선민주주의인민공화국 김정은 국무위원장은 평화와 번영, 통일을 염원하는 온 겨레의 한결같은 지향을 담아 한반도에서 역사적인 전환이 일어나고 있는 뜻깊은 시기에 2018년 4월 27일 판문점 평화의 집에서 남북정상회담을 진행하였다.

양 정상은 한반도에 더 이상 전쟁은 없을 것이며 새로운 평화의 시대가 열리었음을 8천만 우리 겨레와 전 세계에 엄숙히 천명하였다.

양 정상은 냉전의 산물인 오랜 분단과 대결을 하루 빨리 종식시키고 민족적 화해와 평화번영의 새로운 시대를 과감하게 열어나가며 남북관계를 보다 적극적으로 개선하고 발전시켜 나가야 한다는 확고한 의지를 담아 역사의 땅 판문점에서 다음과 같이 선언하였다.

1. 남과 북은 남북 관계의 전면적이며 획기적인 개선과 발전을 이룩함으로써 끊어진 민족의 혈맥을 잇고 공동번영과 자주통일의 미래를 앞당겨 나갈 것이다.

남북관계를 개선하고 발전시키는 것은 온 겨레의 한결같은 소망이며 더 이상 미룰 수 없는 시대의 절박한 요구이다.

① 남과 북은 우리 민족의 운명은 우리 스스로 결정한다는 민족 자주의 원칙을 확인하였으며 이미 채택된 남북 선언들과 모든 합의들을 철저히 이행함으로 써 관계 개선과 발전의 전환적 국면을 열어나가기로 하였다.

② 남과 북은 고위급 회담을 비롯한 각 분야의 대화와 협상을 빠른 시일 안에 개최하여 정상회담에서 합의된 문제들을 실천하기 위한 적극적인 대책을 세워나가기로 하였다.

③ 남과 북은 당국 간 협의를 긴밀히 하고 민간교류와 협력을 원만히 보장하기 위하여 쌍방 당국자가 상주하는 남북공동연락사무소를 개성지역에 설치하기로 하였다.

④ 남과 북은 민족적 화해와 단합의 분위기를 고조시켜 나가기 위하여 각계각층의 다방면적인 협력과 교류 왕래와 접촉을 활성화하기로 하였다.

안으로는 6·15를 비롯하여 남과북에 다같이 의의가 있는 날들을 계기로 낭국과 국회, 정당, 지방자치단체, 민간단체 등 각계각층이 참가하는 민족공동행사를 적극 추진하여 화해와 협력의 분위기를 고조시키며, 밖으로는 2018년 아시아경기대회를 비롯한 국제경기들에 공동으로 진출하여 민족의 슬기와 재능, 단합된 모습을 전 세계에 과시하기로 하였다.

⑤ 남과 북은 민족 분단으로 발생된 인도적 문제를 시급히 해결하기 위하여 노력하며, 남북 적십자회담을 개최하여 이산가족·친척 상봉을 비롯한 제반 문제들을 협의 해결해 나가기로 하였다.

당면하여 오는 8.15를 계기로 이산가족·친척 상봉을 진행하기로 하였다.

⑥ 남과 북은 민족경제의 균형적 발전과 공동번영을 이룩하기 위하여 10.4선언에서 합의된 사업들을 적극 추진해 나가며 1차적으로 동해선 및 경의선 철도와 도로들을 연결하고 현대화하여 활용하기 위한 실천적 대책들을 취해나가기로 하였다.

2. 남과 북은 한반도에서 첨예한 군사적 긴장상태를 완화하고 전쟁 위험을 실질적으로 해소하기 위하여 공동으로 노력해 나갈 것이다.

한반도의 군사적 긴장 상태를 완화하고 전쟁위험을 해소하는 것은 민족의 운명과 관련되는 매우 중대한 문제이며 우리 겨레의 평화롭고 안정된 삶을 보장하기 위한 관건적인 문제이다.

① 남과 북은 지상과 해상, 공중을 비롯한 모든 공간에서 군사적 긴장과 충돌의 근원으로 되는 상대방에 대한 일체의 적대행위를 전면 중지하기로 하였다.

당면하여 5월 1일부터 군사분계선 일대에서 확성기 방송과 전단 살포를 비롯한 모든 적대 행위들을 중지하고 그 수단을 철폐하며 앞으로 비무장지대를 실질적인 평화지대로 만들어 나가기로 하였다.

② 남과 북은 서해 북방한계선 일대를 평화수역으로 만들어 우발적인 군사적 충돌을 방지하고 안전한 어로 활동을 보장하기 위한 실제적인 대책을 세워나가기로 하였다.

③ 남과 북은 상호협력과 교류, 왕래와 접촉이 활성화 되는 데 따른 여러 가지 군사적 보장대책을 취하기로 하였다.

남과 북은 쌍방 사이에 제기되는 군사적 문제를 지체 없이 협의 해결하기 위하여 국방부장관회담을 비롯한 군사당국자회담을 자주 개최하며 5월 중에 먼저 장성급 군사회담을 열기로 하였다.

3. 남과 북은 한반도의 항구적이며 공고한 평화체제 구축을 위하여 적극 협력해 나갈 것이다.

한반도에서 비정상적인 현재의 정전상태를 종식시키고 확고한 평화체제를 수립하는 것은 더 이상 미룰 수 없는 역사적 과제이다.

① 남과 북은 그 어떤 형태의 무력도 서로 사용하지 않을 데 대한 불가침 합의를 재확인하고 엄격히 준수해 나가기로 하였다.

② 남과 북은 군사적 긴장이 해소되고 서로의 군사적 신뢰가 실질적으로 구축되는 데 따라 단계적으로 군축을 실현해 나가기로 하였다.

③ 남과 북은 정전협정체결 65년이 되는 올해에 종전을 선언하고 정전협정을 평화협정으로 전환하며 항구적이고 공고한 평화체제 구축을 위한 남·북·미 3자 또는 남·북·미·중 4자회담 개최를 적극 추진해 나가기로 하였다.

④ 남과 북은 완전한 비핵화를 통해 핵 없는 한반도를 실현한다는 공동의 목표를 확인하였다.

남과 북은 북측이 취하고 있는 주동적인 조치들이 한반도 비핵화를 위해 대단히 의의 있고 중대한 조치라는데 인식을 같이 하고 앞으로 각기 자기의 책임과 역할을 다하기로 하였다.

남과 북은 한반도 비핵화를 위한 국제사회의 지지와 협력을 위해 적극 노력하기로 하였다.

양 정상은 정기적인 회담과 직통전화를 통하여 민족의 중대사를 수시로 진지하게 논의하고 신뢰를 굳건히 하며, 남북관계의 지속적인 발전과 한반도의 평화와 번영, 통일을 향한 좋은 흐름을 더욱 확대해 나가기 위하여 함께 노력하기로 하였다.

당면하여 문재인 대통령은 올해 가을 평양을 방문하기로 하였다.

2018년 4월 27일

판문점

대한민국 대통령 문재인

조선민주인민공화국 국무위원회 위원장 김정은

한미연합군사령부 및 유엔군사령부
업무편람

(1984. 11. 7)

제 4 장
지 휘 부
제 1 절 사 령 관

연합군사령관
　　기능
　　　1. 한미군사위원회로부터 전략지시 및 군사정책 지침을 수령
　　　2. 한미군사위원회 본회의 대표로 참석
　　　3. 주한미군 선임장교로서 한미군사위원회 상설회의 대표로 참석
　　　4. 부여된 임무수행을 위해 모든 연합사 예속 부대에 대해
작전통제권을 행사
　　　5. 부여된 임무와 부합되는 군사소요 및 기타 기능에 관해
한미군사위원회에 건의
　　　6. 전투준비태세 확인을 위해 예속부대의 합동 및 연합작전 연습을
계획 및 실시
　　　7. 예속부대, 우발사태시 예속부대의 운용 및 지원을 계획
　　　8. 한국내 연합정보활동 협조, 적 능력에 관한 첩보수집, 연합정보
작성 및 전파, 적 공격징후의 계속라인 파악
　　　9. 예속부대의 발전, 장비지원 문제를 건의
　　10. 전략, 전술개념을 연구분석 발전
　　11. 유엔군사령관의 휴전협정에 관한 지시 이행
　　12. 적의 휴전협정 위반사항에 대응키 위해 유엔군사령관을 지원
(필요시 전투부대로)
　　13. 연합사 지상구성군사령관직을 겸직

　　임무관계
　　　1. 한국방어를 위해 한미군사위원회를 경유 대한민국 및 미국
국가통수 및 군사지휘기구로부터 전략지침과 임무 수령
　　　2. 한미군사위원회 본회의시 한미 정부의 공동이익을 대표
　　　3. 한미군사위원회 상설회의시 미국 국가통수 및 군사지휘기구
요원으로서 미국가 이익을 대표
　　　4. 양국문제에 관해 태평양사령관과 연락을 유지하며, 미합참
의하에서 기능 수행
　　　5. 미군에 국한하는 문제는 태평양사령관 경우 미합참과 기능 수행
　　　6. 정전협정 조항의 유지에 있어서 유엔군사령관의 지침과 지시아래
기능 수행
　　　7. 정전협정 준수를 위해 필요시 유엔군사령관에게 전투부대 제공
　　　8. 연합사 구성군사령관을 경유 한미 국가통수 및 군사지휘기구에
의해 제공된 전투부대에 대하여 작전통제권 행사
　　　9. 한미군사위원회 경유 양국 국가통수 및 군사지휘기구와 합쳐
연합군사령관 작전통제하의 부대에 나선 병력 및 근수기술 협조.

제 8 장

지 휘 부

제1절 사 령 관

유엔군사령관

기 능

1. 한국내의 유엔군 부대 및 한국이 제공하는 한국군 가용부대를 작전 통제

2. 1953년 7월 27일에 조인된 정전협정 조항 수행

3. 한국에서 유엔사 구성군사간의 계획 작성을 조정

업무관계

1. 미합참을 통하여 유엔의 대행기관인 미국 국가통수기구로부터 전략 지침 및 지시 수령

2. 연합군사령관과 제3국의 국가통수기구가 제공한 부대를 작전통제 (유엔사 구성군사를 통하여)

3. 정전협정을 유지하기 위하여 유엔의 권한하에 기능 수행

4. 행정 및 군수지원 사항에 한하여 미태평양사령관과의 직접 의사 소통

5. 정전 업무를 위하여 연합군사령관에게 지시 권한 행사

6. 유엔사 군사정전위원회에 대한 감독 실시

7. 정전협정 유지를 위하여 필요시 연합군사령관에게 전투부대 지원을 요청

지   휘   부
제6절 유연근후방사령부

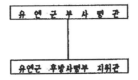

유연군 후방사령부 지휘관
    기   능
    1. 일본에서의 유연근사령관 대표
    2. 유연근사령관의 지시에 의거 일본에서 유연사 업무 수행 및
필요시 독립관인 조치 및 유연사 업무 수행
    3. 유연사 임무에 영향을 미치는 일본에서 발생업무에 관하여 유연근
사령관에게 조언
    4. 주일미군의 지위협정 조항의 이행 및 관리와 본 협정의 관련인
으로서 업무 수행
    5. 유연사, 주일미해군 및 주일미공군에 관련되는 첩보 수집 및
보고
    6. 주일 유연사 연락단 및 일본 방문 중립국 감독위원회 대표에
대한 행정 정비 및 군수지원
    7. 일본내의 유연기지 (오끼나와 포함) 의 외국 선박 및 항공기의
방문요청을 승인 및 유연근사령관 및 주일미대사관에 통보
    8. 유연군 통제하의 인원, 함정 및 항공기의 일본 도착 전망을
일본 정부에 통보하기 위한 유연사 공동심의회의 비서로서 업무 수행
    업무관계
    1. 유연근부사령관에게 대한 직접 책임
    2. 유연사 공동심의회에 유연사 부대표 및 비서로서 업무 수행
    3. 군사령부, 해당 외국대사관 및 외교사절단과 직접 협조

평화와 번영으로 가는 새로운 길

남북 신통상

초판 1쇄 발행 2020년 1월 6일

지은이 송기호
펴낸이 오은지
책임편집 변홍철
디자인 박대성
펴낸곳 도서출판 한티재 | 등록 2010년 4월 12일 제2010-000010호
주소 42087 대구시 수성구 달구벌대로 492길 15
전화 053-743-8368 | 팩스 053-743-8367
전자우편 hantibooks@gmail.com | 블로그 www.hantibooks.com

ⓒ 송기호 2020
ISBN 979-11-90178-23-5 04340
ISBN 978-89-97090-40-2 (세트)

이 도서의 국립중앙도서관 출판예정도서목록(CIP)은 서지정보유통지원시스템
홈페이지(http://seoji.nl.go.kr)와 국가자료공동목록시스템(http://www.nl.go.kr/kolisnet)에
서 이용하실 수 있습니다. (CIP제어번호: CIP2019051656)